9 Plätze
Schätze

9 Plätze 9 Schätze

Eine Entdeckungsreise durch Österreich

ORF WIE WIR.
KRAL VERLAG

J.-F.-Kennedyplatz 2, 2560 Berndorf
www.kral-verlag.at

Für den Inhalt verantwortlich: OLM (ORF-Landesstudio Marketing GmbH & Co KG)
Herausgeber: Dietmar Löffler (ORF)
Konzept und Projektleitung: Sonja Franzke, vielseitig.co.at
OLM-Projektleitung: Sabrina Schlichtherle, B.Sc.
Umschlag- und grafische Innengestaltung: Silvia Wahrstätter, buchgestaltung.at

ISBN 978 3 99024 729 7

Inhalt

Der Reiz der regionalen Vielfalt

Der ORF entfaltet seine größte Wirkung immer dann, wenn er nahe bei den Menschen ist. Dieses Prinzip, das die Landesstudios täglich leben, hat uns bereits zu zahlreichen regionalen Programminnovationen inspiriert. Mit »9 Plätze – 9 Schätze« ist dem ORF ein besonderes Kunststück geglückt: Rund um den Nationalfeiertag wurde ein neuer TV-Fixpunkt für die ganze Familie geschaffen, der seit der gelungenen Premiere 2014 jedes Jahr ein Millionenpublikum begeistert. Der Erfolg dieser von den ORF-Landesstudios gemeinsam gestalteten Sendung unterstreicht den Wert von öffentlich-rechtlicher Unterhaltung und die wachsende Bedeutung von Regionalität in einer zunehmend globalisierten Welt.

Auch heuer stehen 27 vielversprechende Orte in ganz Österreich zur Wahl im Rennen um den schönsten Platz des Landes abseits touristischer Hauptverkehrsrouten – kulturelle Kostbarkeiten und landschaftliche Leckerbissen, die es zu entdecken gilt! Es sind malerische Sehnsuchtsorte, die uns träumen lassen, Erinnerungen wecken und uns die magische Vielfalt unserer Heimat eindrucksvoll vor Augen führen. Jedes Bundesland verfügt über seine eigenen Schätze, in Summe aber zeigt sich die beeindruckende regionale Vielfalt einer Schatzkammer namens Österreich.

Doch die Schönheit unseres Landes ist ein kostbares, mitunter zerbrechliches Gut: Ich habe »9 Plätze – 9 Schätze« daher immer auch als charmante Mahnung verstanden, sorgsam, respektvoll und nachhaltig mit unseren Natur- und Kulturschätzen umzugehen, um sie für kommende Generationen zu bewahren. Ich hoffe, dass der ORF mit dem vorliegenden Buch einen Beitrag dazu leisten kann, dieses Bewusstsein weiter zu schärfen.

Ihr
Dr. Alexander Wrabetz
ORF-Generaldirektor

Juwele und verborgene Schätze

Kompetente Informationen, beispielhafte Reportagen über die kulturelle und touristische Vielfalt und vor allem Verbundenheit mit dem Land und seinen Menschen: Es gibt viele Gründe, warum die Radio-, TV- und Internet-Angebote der ORF Landesstudios so großen Anklang finden. Besonders beliebt sind Beiträge über die Schönheiten »vor der eigenen Haustüre« – ob in den »Bundesland heute«-Sendungen, im »Österreich-Bild am Sonntag«, bei »Erlebnis Österreich« oder in »Unterwegs in Österreich«.
Seit 2014 kommt mit »9 Plätze – 9 Schätze« ein weiterer Erfolg dazu –, denn dieses gemeinsame Projekt aller ORF Landesstudios (in Zusammenarbeit mit der Fernseh-Unterhaltung) erreicht ein Millionenpublikum, das mit einer Prominenten-Jury aus den jeweils neun Bundesland-Siegern das »schönste Platzerl« Österreichs wählt.
Im ersten Jahr war das der Grüne See im steirischen Tragöß, 2015 dann der Formarinsee und die Rote Wand in Vorarlberg, zuletzt das Kaisertal in Tirol. Auch heuer stellt »9 Plätze – 9 Schätze« wieder reizvolle Orte und Landschaften vor: In jedem Bundesland stehen drei »verborgene Schätze« zur Auswahl, die oft sogar in der eigenen Bevölkerung wenig bekannt sind. Aus ihnen werden in einer Vorauswahl die Landessieger ermittelt, die am Nationalfeiertag im Hauptabendprogramm von ORF 2 im Finale von »9 Plätze – 9 Schätze« stehen.
Das gleichnamige Buch stellt alle 27 Landeskandidaten in stimmungsvollen Bildern und Texten vor, begleitet von den »Bundesland heute«-Stars und Prominenten aus den Bundesländern. Auch diesmal werden Sie sicher überrascht sein, welche Schätze darauf warten, entdeckt zu werden. Wir wünschen Ihnen beim Lesen und Zusehen spannende Entdeckungen – und sicher entsteht der Wunsch, einige dieser verborgenen Schätze buchstäblich »in natura« kennenzulernen!

Karin Bernhard
Landesdirektorin ORF Kärnten
Gerhard Draxler
Landesdirektor ORF Steiermark
Prof. Norbert Gollinger
Landesdirektor ORF Niederösterreich
Werner Herics
Landesdirektor ORF Burgenland
Markus Klement
Landesdirektor ORF Vorarlberg
Helmut Krieghofer
Landesdirektor ORF Tirol
Mag. Kurt Rammerstorfer
Landesdirektor ORF Oberösterreich
Christoph Takacs
Landesdirektor ORF Salzburg
Dr. Brigitte Wolf
Landesdirektorin ORF Wien

Die Teilnehmer 2017

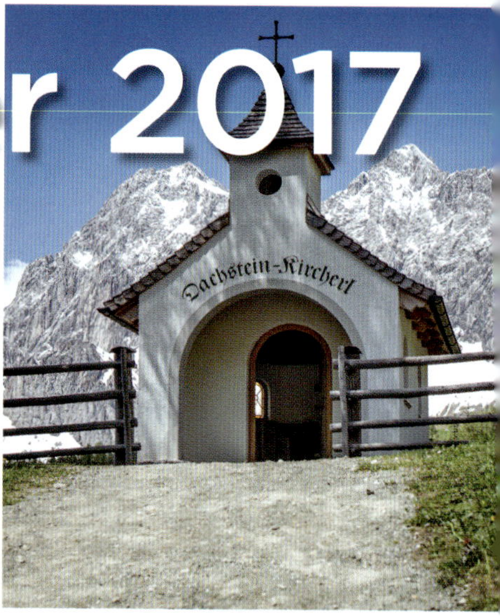

»Das Burgenland ist für mich Homebase, Ruheort und Energiequelle zugleich. Die Menschen, die Natur und ab und an ein Achterl Uhudler tun immer wieder gut.«

Julia Dujmovits

»Die einzigartigen Lichtstimmungen daheim faszinieren mich immer wieder aufs Neue. Und jede Jahreszeit hat im Burgenland wirklich etwas Besonderes zu bieten.«

Elisabeth Pauer

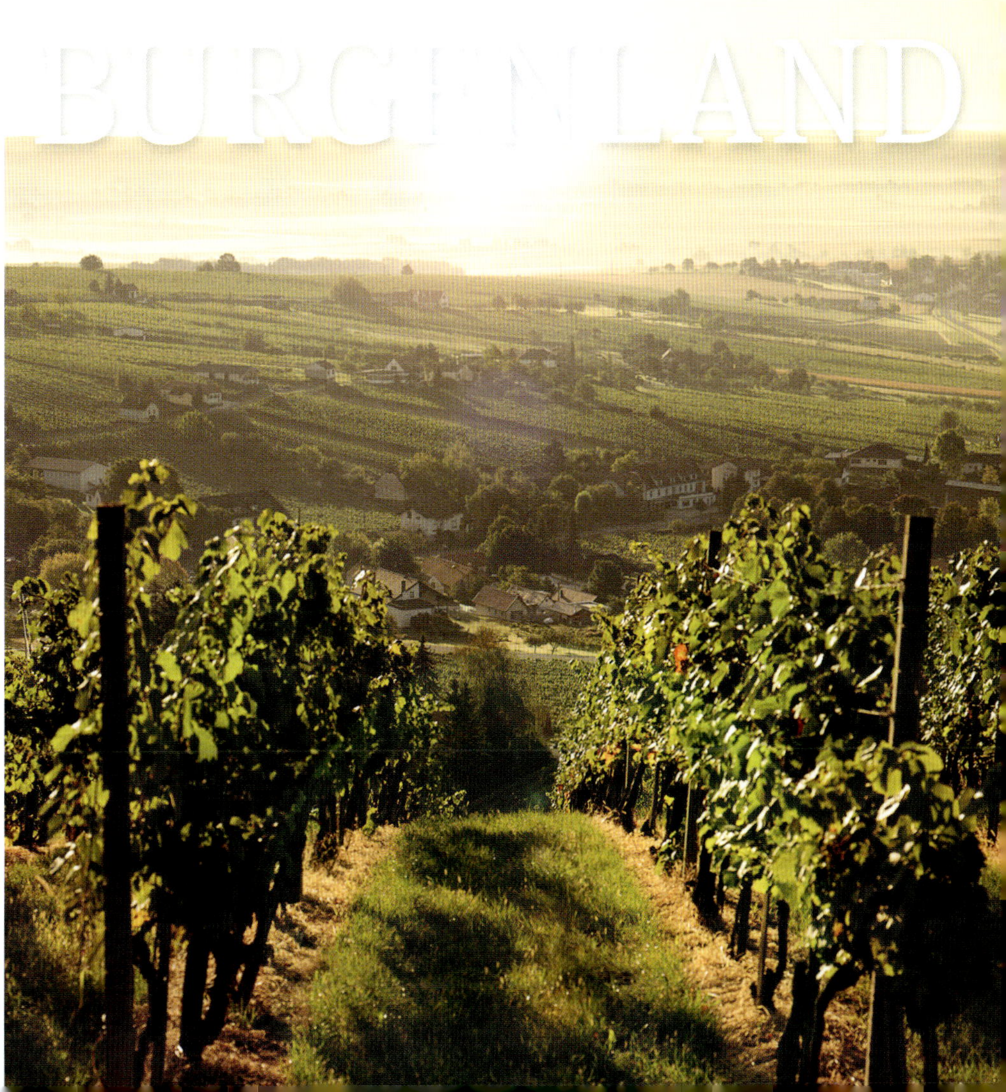

Weinidylle Csaterberg

Eine Quelle der Ruhe und des Genusses

Im südlichen Zipfel des Burgenlandes, inmitten von Hochwäldern, liegt der Csaterberg. Dort bietet eine der kleinsten Weinbauregionen Europas eine außergewöhnliche Symbiose von Natur, Kultur, Geschichte und Kulinarik.

Der Csaterberg ist genau genommen nicht nur ein Berg, sondern ein Doppelberg, der durch einen tiefen Taleinschnitt in Kleincsater und Hochcsater geteilt ist. Der Weinberg bildet als Südwestausläufer des Eisenberges die Verbindung mit dem Südburgenländischen Hügelland. Auf den südlichen Hängen des Csaterberges wird seit jeher Weinbau betrieben. Seine Nord- und Westseite ist von Nadelwäldern bewachsen.

Bis zum heutigen Tag wurde keine eindeutige Erklärung für den Namen Csaterberg gefunden. Es gibt zwei Ableitungen, die beide aus dem Ungarischen kommen. Beide Begriffe – sowohl »Csarda« für Schenke als auch »Csata« für Schlacht – treffen auf diese Kleinregion im Südburgenland zu. Erwähnenswert ist auch die irreführende Namensgebung, zumal der Klein-Csaterberg mit 365 Metern höher ist als der Hoch-Csaterberg mit 341 Metern.

Romantische Kellerstöckl und urige Buschenschenken

Die sanften, hügeligen Weingärten können entweder zu Fuß oder mit dem Fahrrad über markierte Wander- und Radwege erkundet werden. Beim Streifzug durch die unberührte Landschaft, vorbei an Wald, Weingärten und

Hier lassen sich die ausgezeichneten
Weine der Region verkosten.

Möchte man etwas länger bleiben, kann man in dem einen oder anderen romantischen Kellerstöckl eine Unterkunft finden.

Streuobstwiesen, findet man auch zahlreiche urige Buschenschenken in gemütlichen Kellergassen, die zum Rasten verführen. Nicht selten trifft man dabei Menschen, die einfach sagen: »Komm, setz di her!«. Dann trinkt man ein Glaserl Wein zusammen, bevor wieder jeder seiner Wege geht. Besonders bekannt ist diese kleine Weinbauregion für ihren Welschriesling. Bei der Wanderung am Csaterberg können jedoch nicht nur der Wein und die einzigartige Landschaft genossen werden. Der im Jahr 2015 eröffnete Literaturweg lädt ein, die Vielseitigkeit der zeitgenössischen burgenländischen Literatur zu entdecken. Ausgehend vom Gasthof zum Weinberg, führen zwei Routen zu insgesamt 31 literarischen Stationen am Klein- und Hochcsater. Früher war es im Südburgenland üblich, dass jeder Weinbauer im Besitz eines Kellerstöckls war, um direkt vor Ort verarbeiten zu können. Genutzt wurden die Kellerstöckl als Betriebsstätte und Notunterkunft: ein Presshaus, ein Weinlager und eine kleine Stube zum Verweilen, alles unter einem Dach. In den letzten Jahren wurden einige dieser malerischen Kellerstöckl zu Unterkünften umgebaut und werden heute touristisch genutzt.

Wo Wein auf Stein trifft

Hoch- und Kleincsater bieten dem Besucher nicht nur ausgezeichnete Weine und Begegnungsmöglichkeiten mit der sehr gastfreundlichen Bevölkerung, sondern auch eine geologische Besonderheit: Opale. Das Vorkommen von Süßwasser- und Holzopalen am südburgenländischen Csaterberg hat europaweit einen besonderen Stellenwert. Das Oberflächengestein des Hoch- und Kleincsaterberges besteht fast ausschließlich aus Süßwasseropal in verschiedensten Farbnuancen. Diese Bodenbeschaffenheit erschwert seit vielen Jahrhunderten die Arbeit der Winzer. Für Wissenschaftler und Hobbysammler jedoch ist die Region ein hochinteressantes »Fundparadies«. Vor allem im Herbst, nachdem die Weingärten geackert wurden, werden die Weinbauern der Region immer wieder mit Sammlern konfrontiert, die zwischen den Rebzeilen dem steinernen Glück auf der Spur sind. Nicht selten ergeben sich interessante Begegnungen zwischen Winzern

Fernsehbeitrag zum Nachsehen

Siehe auch S. 176

So finden Sie zum Schatz

Kontakt: Tourismusinfostelle Kohfidisch
Obere Hauptstraße 4
7512 Kohfidisch
Tel. 03366 77203
www.kohfidisch.at

Anreise: Auto: Ab Wien A2 Abfahrt Pinkafeld, weiter B57 bis Oberwart und Großpetersdorf bis Kohfidisch. Ab Graz A2 Abfahrt Fürstenfeld, bis Heiligenkreuz und Güssing. B57 Richtung Großpetersdorf nach Kohfidisch. In Kohfidisch bis zur beschilderten Rechtsabzweigung Csaterberg.
Bus: Wien Karlsplatz oder Matzleinsdorfer Platz bis Kohfidisch Mitte.

und Steinesammlern. Bis zum heutigen Tag gibt es aber zur Entstehung der Opaldecke selbst von Fachleuten keine einheitliche und befriedigende Erklärung. Das Alter wird auf zehn Millionen Jahre geschätzt. Zu den wissenschaftlich wertvollsten Funden zählen neben den Süßwasseropalen die vielfältigen opalisierten Hölzer, die eine Größe von einigen Zentimetern bis hin zu 20-Kilogramm-Stücken erreichen. Die Steinraritäten lassen sich im Steinmuseum am Csaterberg bewundern, das nicht nur bei Sammlern als Geheimtipp gilt.

Mein besonderer Tipp

Alljährlich findet am Pfingstmontag der traditionelle Kirtag der »Bergler« statt. Dabei zieht der Pfarrer in einer Prozession von Kirchfidisch nach Kohfidisch und weiter zur Kapelle am Hochcsater. Bei der Kapelle angelangt, wird die Weihe der Weingärten vorgenommen. Anschließend wird aufgekocht und groß gefeiert. Der Kirtag bietet auch musikalische Unterhaltung und die Weingartenbesitzer laden zu Verkostungen ein.

Kraftplatz Liebing

Das imposante Naturdenkmal im Mittelburgenland

In einer idyllischen Gegend im weitläufigen Rabnitztal liegt das Dorf Liebing, das als einer von fünf Ortsteilen zur Gemeinde Mannersdorf an der Rabnitz zählt. Zu diesem Dorf gehört etwas ganz Außergewöhnliches: die mächtigen und zugleich dicksten Bäume des Burgenlandes. Sie gelten zudem als besondere Kraftquelle.

Zu Fuß oder auch mit dem Rad erreichbar, können die imposanten Edelkastanienbäume bewundert werden. Ihre Umfänge reichen bis zu zehn Meter. Vor allem in der Blütezeit sind diese wundervollen Baumriesen in der reizvollen Landschaft weithin sichtbar.

Heilende Wirkung

Die Liebinger Kastanienbäume zählen zu den stärksten ihrer Art im ganzen Burgenland. Im Jahr 1986 erklärte man fünf der Edelkastanienbäume aufgrund ihrer eindrucksvollen Erscheinung und des enormen Umfangs zum Naturdenkmal. Dieser Status wurde den Bäumen allerdings 2012 aufgrund des schlechten Zustands und daraus resultierender morscher Äste wieder abgesprochen. Im Jahr 2013 wurden die Bäume jedoch von einem »Baumdoktor« behandelt und werden seither einer jährlichen Überprüfung unterzogen. Der Verein »D'Kaestnklauba« hat sich ebenfalls der Bäume angenommen und ist auch um die Pflanzung neuer Bäume bemüht. Nicht nur das Fortbestehen wird gesichert, der Verein kümmert sich auch um die lokale bzw. regionale Edelkastanienproduktion und Vermarktung. In Klostermarienberg, ebenso wie Liebing ein Ortsteil von Mannersdorf an der Rabnitz, werden die Kastanien verarbeitet und verkauft. Die Produkte sind sehr beliebt, nicht zuletzt, weil die Edelkastanie und somit auch das daraus gewonnene Kastanienmehl basische Lebensmittel mit vielen Vitaminen und Spurenelementen sind. Zudem enthalten sie wertvolle Antioxidantien. Kastanien wirken beruhigend, stresslindernd und sollen die Nerven stärken.

Die Baumriesen haben allerdings noch mehr zu bieten. Bei einem Streifzug durch Europa stieß der ungarische Geophysiologe Stefan Petöfalvi auf der Suche nach besonderen Energieplätzen auf den Kastanienhain von Liebing. Er zählt den Platz zu den besten Kraftplätzen Europas. Nach dieser Erkenntnis ließ die Gemeinde im Jahre 2007 von Stefan Petöfalvi eine Expertise erstellen, die diese Heilwirkung der Gegend bestätigt. Das Ergebnis zeigt, dass die Wirkung im Kastanienhain jener in unterirdischen Räumen wie Heilstollen oder Pyramiden ähnlich ist. Solch ein Platz soll sowohl gesunden Menschen helfen, ihre leeren Akkus wieder aufzuladen, als auch unterstützend bei einer konventionellen Krankheitsbehandlung sein. Keinesfalls soll hier von irgendwelchen Wundern die Rede sein, doch kann sich bereits ein Verweilen von rund 20 Minuten im Strahlenfeld der Baumriesen positiv auf den menschlichen Organismus auswirken. Dieses Wissen und die nachweislich positive Energie möchte die Gemeinde künftig auch möglichst vielen Menschen zugänglich machen. Geplant ist unter anderem ein Parkplatz, von dem aus die Baumriesen über einen Waldspaziergang erreicht werden können.

Der Kastanienhain in Liebing ist bereits seit 2013 in den bekannten Weitwanderweg »Alpannonia« eingebunden und gut über diesen erreichbar.

Ein Geschenk Maria Theresias

Das Alter der Bäume gibt bis heute Rätsel auf. Es wird vermutet, dass die Kastanienbäume infolge einer Schenkung Kaiserin Maria Theresias zwischen 1750 und 1760 gepflanzt worden waren. Aus der Geschichte weiß man, dass Schenkungen dieser Art landesweit üblich waren, um die Bevölkerung mit

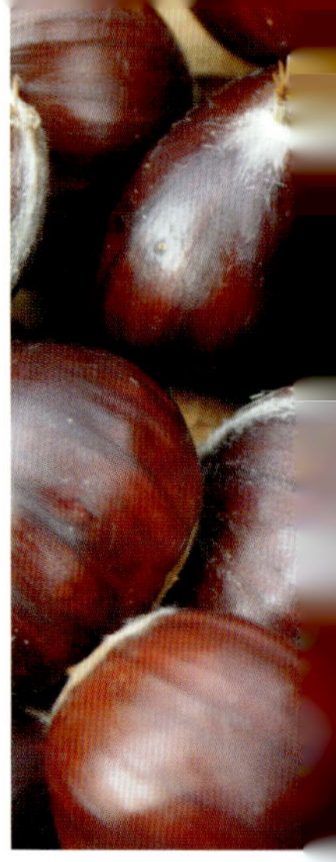

Einst Zubrot für die Bauern, sind die Kastanien heutzutage vor allem ein köstlicher Besuchermagnet.

Die Mittelburgenländer haben immer neue Ideen, um ihre Kastanien in feinen Rezepten zu verarbeiten.

einem Nahrungsmittel zu versorgen. Diesen Annahmen zufolge wird das Alter der Edelkastanienbäume auf rund 270 Jahre geschätzt.
Der reichliche Kastanienertrag, die außergewöhnliche Größe der Bäume, aber auch ihre auffallende Anordnung in Reih und Glied lassen vermuten, dass ein besonderer Kraftplatz für die Pflanzung der Riesen gewählt wurde. Und dies wiederum stärkt den Mythos, dass es wohl ein besonders empfindsamer Mönch aus dem nahegelegenen Kloster gewesen sein muss, der die außergewöhnliche Energie in dem Gebiet gespürt und die Bäume an genau dieser Stelle gepflanzt hat. Denn im Gemeindegebiet von Liebing gibt es einige Hundert Kastanienbäume, die aber bei weitem nicht diese imposante Größe erreicht haben.

Mein besonderer Tipp

Alljährlich findet am Nationalfeiertag, dem 26. Oktober, das bereits zur Tradition gewordene »Klosterer Kastanienfest« statt. Im herrlichen Ambiente des Klostergeländes von Klostermarienberg können pikante und süße Kastanienschmankerl genossen werden, und der Kraftplatz in Liebing ist für einen Spaziergang nur wenige Kilometer entfernt.

So finden Sie zum Schatz

Kontakt: Gemeindeamt Mannersdorf an der Rabnitz
Hauptstraße 68
7444 Mannersdorf
Tel. 02611 2204
www.mannersdorf-adr.at

Anreise: Auto: Ab Wien A3-Knoten Eisenstadt S31 Richtung Oberpullendorf. Weiter über die B61 in Richtung Mannersdorf an der Rabnitz und weiter nach Liebing. Im Ortskern führen grüne Beschilderungen zu den Liebinger Kastanienbäumen.

Fernsehbeitrag zum Nachsehen

Siehe auch S. 176

Dorfmuseum Mönchhof

Gelebte Tradition und das bäuerliche Leben um 1900

Das Dorfmuseum ist ein Freilichtmuseum in der nordburgenländischen Gemeinde Mönchhof. Ursprünglich eine Privatsammlung von Josef Haubenwallner, wird es seit dem Jahr 1990 von der Familie Haubenwallner als Dorfmuseum betrieben und gehört inzwischen zu den touristischen Attraktionen im Seewinkel in der Region Neusiedler See.

Das Museum vermittelt seinen Besuchern einen detailreichen Einblick in das Alltagsleben der Bauern und Handwerker im »Hoadboden« oder auch »Heideboden« – so wurde und wird der nördliche Teil der als Seewinkel bekannten Region am östlichsten Zipfel des Burgenlandes genannt. Die Exponate spiegeln die örtlichen Lebensumstände im Zeitraum von etwa 1890 bis in die späten 1960er-Jahre wider. In den rund 35 Gebäuden des Dorfmuseums mit Werkstätten, Arbeitsgeräten und Einrichtungsgegenständen wird der weitgehend von der Landwirtschaft geprägte Alltag dieser Zeit wieder wach.

Die pannonische Alltagskultur

Als Museumsgast kann man die alten Häuser betreten, in den Räumen verweilen, in Erinnerungen schwelgen oder ganz einfach nur die Atmosphäre auf sich wirken lassen. Gleich beim Betreten des Museums beginnt eine spannende Zeitreise: landwirtschaftliche Arbeitsgeräte von anno dazumal lassen nachempfinden, wie mühevoll die Arbeit der vorwiegend Getreide- und Rübenbauern vom Heideboden damals war. Vorbei an alten Roma-Pferdewägen aus Holz, spaziert man durch den »Eisernen Vorhang« in den für viele Besucher spannendsten Bereich des Museums – ein komplett nachgebautes

Bei einem Rundgang durch das Freilichtmuseum erahnt man die Welt von damals.

Die kleine Privatsammlung wurde in den vergangenen zwanzig Jahren zu einem Freilichtmuseum ausgebaut.

Dorf. Von einer Schule über ein Gasthaus, einer Greißlerei, ein Kino, das Gemeindeamt, die Post, die Feuerwehr und das Milchhaus bis hin zur Schrotmühle – hier spürt man, wie die früheren Generationen gewohnt, gelebt und gefeiert haben. Auch der Kontrast zwischen dem bescheidenen Wohnhaus des dörflichen Viehhalters und dem Anwesen einer gut situierten Weinbauernfamilie lässt sich hier erahnen. An die Wohnräume des dörflichen Bäckers grenzen seine Arbeitsstätte, eine Backstube und ein kleines Geschäft. Diese damals gängige Wohnform nannte man »Halbwirtschaft«. Auf einer leichten Anhöhe erblickt man im hinteren Bereich eine imposante Kirche, die zur stillen Einkehr einlädt. Vor dem Verlassen des Museums lohnt es sich, eine Rast im Wirtshaus einzulegen. Dieses stammt, wie die meisten anderen Häuser, tatsächlich aus der Gemeinde Mönchhof. Bei einem Glas Wein und Musik aus der alten Musikbox mit den Schellackplatten kann man das Gesehene und Erlebte noch einmal Revue passieren lassen. Auch der Blick in die Speisekarte lässt einen unweigerlich schmunzeln, sind doch die Preise in Schilling angeschrieben.

Vom Gipsengel zum Österreichischen Museumspreis

Als 12-jähriger Bub fand Josef Haubenwallner einst einen kleinen Engel, aus Gips geformt, im ehemaligen Weingarten auf dem heutigen Areal des Dorfmuseums. Bis zum heutigen Tag hat dieses erste Sammelstück einen Ehrenplatz in der Krypta. Als gelernter Maurer kam der Gründer des Museums in der Region rund um den Neusiedler See viel herum. Interessante Fundstücke und Raritäten tauschte er des Öfteren gegen seine Arbeitsleistung. In seiner späteren Tätigkeit bei der Gemeinde Mönchhof, wo er unter anderem für die Sperrmüllentsorgung zuständig war, entdeckte er weitere Sammelstücke. Im Jahr 1990 entschied er sich schließlich, mit seinen Exponaten ein Museum zu eröffnen. Nach einer Weile beschloss Josef Haubenwallner, nicht nur seine Fundstücke auszustellen, sondern ganze Häuser aufzubauen, die das heutige Museum ausmachen. Er wollte die alten Häuser

Fernsehbeitrag zum Nachsehen

Siehe auch S. 176

So finden Sie zum Schatz

Kontakt: Dorfmuseum Mönchhof
Bahngasse 62
7123 Mönchhof
Tel. 02173 80642
www.dorfmuseum.at

Anreise: Auto: Ab Wien A4, Abfahrt Mönchhof,
Ab Eisenstadt B50 bis Neusiedl/See, B51 bis Mönchhof.
Ab dem Kreisverkehr der Beschilderung »Dorfmuseum« folgen.
Bahn: 200 Meter vom Bahnhof Mönchhof und ab Hauptbahnhof Wien bzw. vom Bahnhof Eisenstadt

nicht dem Verfall überlassen, seinen jährlichen Urlaub verwendete er, um den Ab- und Aufbau der Häuser durchzuführen. Lediglich mit Beschriftungen an den Häusern und einigen Handskizzen organisierte er den Aufbau. Mittlerweile zählt die Familie mehr als 30.000 Sammelstücke. Ende ist noch keines in Sicht, denn Josef Haubenwallner plant bereits das nächste Projekt. Man darf gespannt sein und sich auf weitere Attraktionen freuen.
Das Museum erhielt in den letzten Jahren mehrere Auszeichnungen – im Jahr 2002 wurde auch das »Österreichische Museumsgütesiegel« verliehen.

Mein besonderer Tipp

Jeden letzten Sonntag im Juli findet der traditionelle Handwerkstag im Dorfmuseum Mönchhof statt. Neben musikalischer Unterhaltung und Kinovorführungen hat man die Möglichkeit, alte Handwerke, die schon fast in Vergessenheit geraten sind, auszuprobieren. In den Werkstätten des Hutmachers, Fassbinders, Schmieds und vielen weiteren wird das alte Handwerk wieder belebt.

»In erster Linie wunderschöne Kindheit, tolle Landschaft, glasklare Seen, majestätische Berge, Sommerabende und Kärntner Kasnudeln – das Paradies auf Erden.«

Julia Cencig

»Kärnten ist viel mehr als Wörthersee. Vor allem die kleinen unentdeckten Plätze zwischen Bergen und Seen machen es aus. Es ist ein Glück, hier daheim zu sein.«

Hannes Orasche

KÄRNTEN

Gut Lichtengraben

Eine Schatztruhe hoch über dem Tal

Das Gut Schloss Lichtengraben gilt als landschaftlicher Geheimtipp im Kärntner Lavanttal. Die liebevoll instand gehaltenen Mauern sind von eindrucksvoller Substanz, erzählen eine sehr bewegte Historie und laden jeden Besucher sofort zum Verweilen ein.

Gut Schloss Lichtengraben liegt im Oberen Lavanttal zwischen Bad St. Leonhard und Reichenfels, unmittelbar nach dem Ort Wisperndorf, an einer leicht erhöhten Stelle über dem Tal. Unter den Schlössern und Burgen des Lavanttales kommt dem Schloss Lichtengraben aufgrund seiner bewegten Geschichte eine besondere Bedeutung zu. Das massive, dreigeschoßige Gebäude, das einen Uhrturm trägt, wurde nach neuen Erkenntnissen im 16. Jahrhundert an ein altes Gebäude aus dem 12. bis 14. Jahrhundert angebaut. Ein Relief im Innenhof des Schlosses zeigt die Jahreszahl 1544 – vermutlich das Jahr der Fertigstellung des Schlosses.

Bekannter Bauherr

Als Bauherr von Lichtengraben gilt Sigmund von Pain, der in den adeligen Kreisen seiner Zeit kein Unbekannter war. Seiner bemerkenswerten Schaffenskraft ist neben dem Schloss Lichtengraben auch das Schloss Wiesenau im Süden von Bad St. Leonhard zu verdanken. Die Herren von Pain traten als Gewerke in den Oberlavanttaler Bergwerken auf.

In der wechselvollen Hausgeschichte von Lichtengraben folgte dem Geschlecht der Pain

Das Gut bietet alles, wovon Schlossliebhaber träumen: Natur, Kultur und Schönheit.

Liebevoll und authentisch: Die Besitzer sorgen für ein unvergleichliches Ambiente.

zunächst Melchior Putz von Kirchheimegg, Münzmeister von Kärnten, der das Schloss um 1617 erwarb, es aber einige Jahre später wieder verkaufte. Mitte des 17. Jahrhunderts erstand Frau von Siegersdorf das Gut.
Ab 1700 kam das Schloss an die Familie Teuffenbach. In der Geschichte des Hauses sticht vor allem Franz Josef Freiherr von Teuffenbach (1702–1785) hervor. Er diente in einem Reiterkorps, das im Jahr 1742 München besetzte. Im 19. Jahrhundert stand das Schloss im Besitz der Kärntner Montanunion. Von dieser erwarb das Gut 1886 der königlich norwegische Konsul Dr. Karl Neufeld. Seit dieser Zeit ist es im Familienbesitz zuerst der Familien Baumann, dann der Familie von Bitzy, und bis heute gehört es der Familie Rittler. Dem Besitz angeschlossen sind Waldflächen, eine Landwirtschaft und Fischwasser zum Angeln und für die Forellenzucht.
Unter der Petereralm liegt die Hofbrentl – wie der größte Teil des Gutes genannt wird –, die auch mit der Eigenjagd verbunden ist. Dort befinden sich eine urige Almhütte mit Teich sowie ein 120 Jahre altes Jagdhaus. Das Schloss ist umgeben von romantischen Naturteichen und Obstgärten, es dient der Familie als Wohnhaus und wurde in letzter Zeit innen renoviert. Ein etwa 200 Quadratmeter großes und großzügig ausgestattetes Appartement wird an Romantiker, Erholungsuchende, Familien, Fischer oder Reiter vermietet. Überall sind die behutsamen Hände von Astrid und Andreas Rittler zu spüren.

Die Ruine Pain

Einige Hundert Meter nördlich von Schloss Lichtengraben entfernt steht die Ruine Pain. Sie war wohl die mächtigste Wehranlage im oberen Lavanttal, geschützt und bewehrt von einem äußeren und einem inneren Wassergraben, die vollkommen erhalten sind. Der äußere Wassergraben wird heute von Familie Rittler für die Fischzucht genützt.
Die Burg wurde vermutlich im elften oder zwölften Jahrhundert von den Herren von Pain errichtet. Nachdem ein Feuer große Teile der Burg vernichtet hatte, erbaute man mit den Steinen der Burg Schloss Lichtengraben – ein

Fernsehbeitrag zum Nachsehen

Siehe auch S.176

So finden Sie zum Schatz

Kontakt: Gut Schloss Lichtengraben
Andreas Rittler
Gut Schloss Lichtengraben 1
9462 Bad St. Leonhard
Tel. 0664 5008728
www.schloss-lichtengraben.at

Anreise: Auto: A2, Ausfahrt Bad St. Leonhard, B78 Richtung Reichenfels, Ort Wisperndorf, Beschilderung »Schloss Lichtengraben«.
Bahn: Ab Wolfsberg, Buslinie 863 (Reichenfels Volksschule), ab Haltestelle Wisperndorf zu Fuß.

vergleichsweise nettes, kleines Wohnhaus, das wahrscheinlich nicht so feucht war wie die Burg.

Reiche Substanz

Ein Betriebszweig am Gutshof ist die 36 Hektar große Landwirtschaft mit Mutterkühen, Mutterschafen und zwei Pferden. Am Gut gibt es Hochwild, Rehwild, Gamswild, Auerhähne, Haselhühner und viele andere Bewohner des Waldes. Bejagt wird nur Hoch- und Rehwild.
Auf den 2,5 Hektar großen Streuobstwiesen stehen mehr als 100 Jahre alte Bäume. Aus dem Speiseobst entstehen Trockenfrüchte, Marmeladen und andere Köstlichkeiten. Das meiste Obst wird zu Apfelsaft und Apfelmost verarbeitet. Grundlage für sämtliche Früchte sind die Bienenvölker des Peter Scharf – auch »Bienenpeter« genannt. Er hat etwa 40 Bienenstöcke auf dem Gut. Übrigens: Schwammerlsuchen ist in den Wäldern um Lichtengraben erlaubt, jedoch wird genau darauf geachtet, dass die Regeln eingehalten werden. Auch ein Turmfalke hat sich am Gut einquartiert, der seine Jungen bereits zum dritten Mal in Folge unter dem Dach aufzieht.

Raggaschlucht

Ein schäumendes Naturjuwel

Die Raggaschlucht im Kärntner Mölltal versetzt jeden Besucher in eine imposante Welt der natürlichen Elemente und erzählt zugleich eine sehr bewegte Geschichte. Fest steht: Wer zum ersten Mal auf der atemberaubenden Steganlage die Raggaschlucht begeht, wird kaum aus dem Staunen herauskommen.

Das beeindruckende Naturdenkmal im Mölltal sollte jeder Naturliebhaber gesehen haben. Mal ruhig, glitzernd und kristallklar, dann wieder tosend schäumend und in freiem Fall, durchfließt das Wasser die mächtigen Felsen in der Schlucht.

Der Name Ragga stammt vom slowenischen Wort »Rak« (= Krebs). Im Raggabach, der die Schlucht über Millionen von Jahren geformt hat, gab und gibt es an ruhigen Stellen Flusskrebse. Das Ergebnis ist faszinierend: Senkrechte Felswände verengen auch die wildromantische Raggaschlucht immer wieder auf ein Minimum. Das Tosen des Wassers hängt permanent in der Luft. Kunstvoll angelegte Stege erleichtern den Besuchern das Wandern, festes Schuhwerk ist dabei eine Grundvoraussetzung.

Die Raggaschlucht wurde seit der letzten Eiszeit vom sogenannten Raggabach in den Gebirgsstock der Kreuzeckgruppe geschnitten. Mit etwa 800 Metern Länge ist sie eine der kürzeren Schluchten Österreichs, aber durch ihre besondere Enge und Tiefe von bis zu 200 Metern eine der beeindruckendsten. Schautafeln entlang des Steges erklären die Entstehung und Geologie der Schlucht. Einen Abstecher wert ist auch

Die Schlucht ist so tief, dass man an manchen Stellen den Himmel nicht mehr sieht.

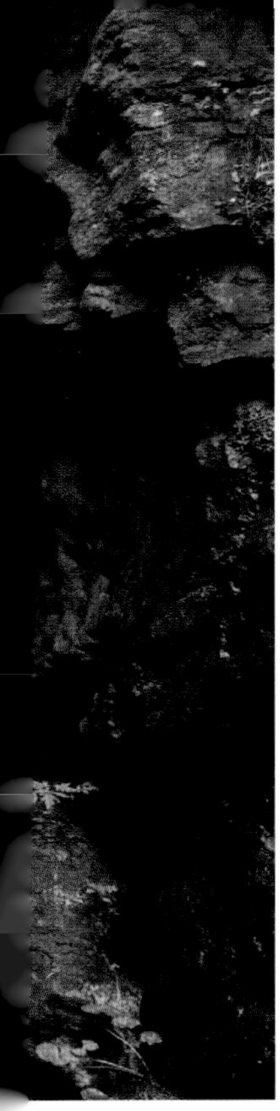

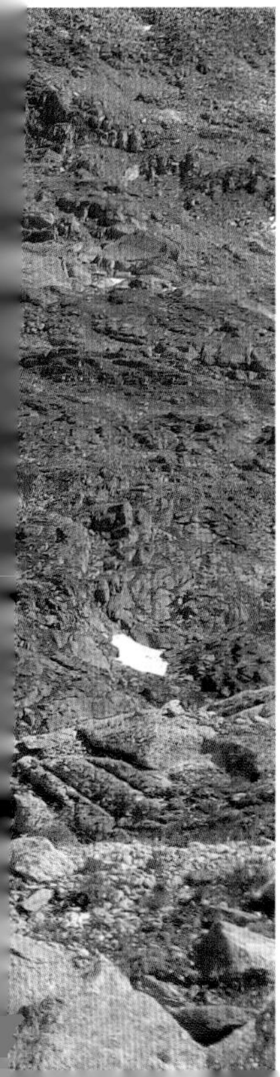

der geologische Lehrpfad rund um die Schlucht, der herrliche Einblicke in die Pflanzenwelt bietet.

Die dominierenden Gesteine der Schlucht sind Gneis, Paragneis und Glimmerschiefer. Am Beginn der Schlucht bildet eine Pegmatit-Intrusion eine zehn Meter hohe Stufe, über die der Raggabach in einem beeindruckenden Wasserfall in die Schlucht stürzt.

Vergangenheit im Bergbau

Der Eingang zur Raggaschlucht befindet sich in der Ortschaft Schmelzhütten. Hier stand vor allem der Bergbau im Mittelpunkt, seit dem 14. Jahrhundert wurde in der Gegend Kupfererz geschmolzen. Dieses Erz wurde in der Großfragant abgebaut, über eine Rollbahn nach Laas am Grafenberg transportiert und von dort mit einer Seilbahn nach Flattach und weiter mit Pferdefuhrwerken auf die Schmelzhütte befördert, wo es in einem der Schmelzöfen eingeschmolzen wurde – daher auch der Ortsname Schmelzhütten. In der Ragga selbst wurde hauptsächlich Eisen abgebaut.

Erstmals begehbar gemacht wurde die Raggaschlucht im Jahre 1882 von der Familie Salentinig, den Vorfahren der jetzigen Besitzer des Gasthofs »Zur Raggaschlucht«. Die damalige Erschließung erfolgte im Auftrag des Österreichischen Alpenvereins.

Herbe Rückschläge

Die Stege durch die Schlucht wurden durch Katastrophen immer wieder zerstört und mussten zwischen 1938 und 1967 fünf Mal neu aufgebaut werden. Im Kärntner Katastrophenjahr 1967, als das ganze Mölltal von Muren und Hochwasser heimgesucht wurde, ersuchte die Gemeinde Flattach eine Pionierkompanie in Villach, die waghalsige Arbeit des Neubauens durchzuführen.

Nach dem Zweiten Weltkrieg ging die Raggaschlucht vom Alpenverein über das Land Kärnten in den Besitz der Gemeinde Flattach über. Heute ist die Raggaschlucht eine der schönsten Naturschluchten Kärntens und wurde daher 1978 zum Naturdenkmal erklärt. Die Raggaschlucht wurde mit dem Kärnten Qualitätssiegel ausgezeichnet und erhielt im Jahr 2016 das Zertifikat für Exzellenz des Portals Trip Advisor. Für die Bewältigung der Schlucht benötigt man bei normalem Tempo insgesamt etwa eineinhalb Stunden. Nach dem Ausstieg aus der Schlucht führt ein Schotterweg talwärts an den Ausgangspunkt.

Für jeden ein besonderer Reiz

Für Kenner der Region, wie Bergführer Peter Zraunig, steht fest: »Die Schlucht ist nicht umsonst ein geschützes Naturjuwel. Die Wege, die sich der Fluss gebahnt hat, sind imposant. Es ist einfach die Gesamtheit, die es ausmacht.« Adi Gugganig von den Bergbahnen Mölltaler Gletscher hat sogar eine Lieblingsstelle: »Diese befindet sich im extrem steilen Gelände am Ausstieg beim Raggafall.«

So finden Sie zum Schatz

Kontakt: Tourismusbüro Flattach
Raggaschlucht
Schmelzhütten 11
9831 Flattach
Tel. 04785 615
www.flattach.at

Anreise: Auto: A10 bis Knoten Spittal, E66 bis Lendorf, B100 und B106 Mallnitz/Großglockner bis Flattach, Gratis-Parkplatz im Ortsteil Schmelzhütten.
Bahn: ICE-Bahnhöfe Mallnitz-Obervellach oder Spittal-Millstätter See, regionale Buslinie bis Flattach

Fernsehbeitrag zum Nachsehen

Siehe auch S. 176

In jahrtausendelanger Arbeit schuf der Raggabach eine der schönsten Naturschluchten der Alpen.

Wildensteiner Wasserfall

Ein sagenumwobenes Idyll

In der äußersten Ecke von Südkärnten befindet sich mit dem Wildensteiner Wasserfall ein besonderes Naturjuwel. Gemeinsam mit der etwas weiter oben gelegenen Ruine Wildenstein lädt die Gegend wunderbar zum Innehalten ein und verzaubert die Besucher vor allem auch mit ihrer Mystik.

Der Wildensteiner Wasserfall (Slowenisch Podkanjski slap) in Kärnten ist einer der höchsten frei fallenden Wasserfälle Europas. Er bricht aus einer senkrechten Felswand hervor und rauscht dann eindrucksvolle 54 Meter in die Tiefe. Der Fall wird vom Wildensteiner Bach gebildet, der unweit des Vellach-Flusses in die Drau mündet. Nach dem Wasserfall fließt der Wildensteiner Bach noch etwa 300 Meter bis zu einer Staumauer, wo sein Wasser gesammelt und in 500 Meter langen Druckrohren zu einem Kraftwerk geleitet wird.

Der Wildensteiner Wasserfall befindet sich unweit der Ortschaft Gallizien unterhalb des Gipfels des Hochobir. Seinen Namen verdankt der Wasserfall der nahen Burgruine Wildenstein, die im 14. Jahrhundert zerstört worden sein soll. Heute trägt überdies ein Ortsteil der Katastralgemeinde Gallizien den Namen Wildenstein.

Gute Erreichbarkeit

Eine befestigte Straße führt von der Abzweigung an der Landstraße bis zu einem geschotterten und teilweise befestigten Parkplatz, von dem aus man in etwa 20 Minuten auf einem steilen Waldweg den Wasserfall erreicht. In einer kurzen Wanderung gelangt man auf eine

In nur zwanzig Minuten kann man
zu einem der höchsten frei fallenden
Wasserfälle Europas spazieren.

Die Region Klopeinersee ist nicht zuletzt wegen ihrer reichhaltigen Sportmöglichkeiten sehr beliebt.

Plattform, ungefähr 30 Meter vom Fall entfernt. Von hier lässt sich das Naturschauspiel gut betrachten. Der Aufstieg dorthin ist serpentinenreich und wird im letzten Drittel etwas fordernder. Doch mit jedem Schritt kommt man dem Rauschen und der erfrischenden Kühle des Wasserfalls näher. Das nähere Betreten des Bereiches um den Wasserfall ist wegen Steinschlag-Gefahr untersagt, ein Zaun verhindert das Weitergehen.

Hat man die Wildensteiner Wasserfall-Plattform erst einmal erreicht, kann man auch eine wunderschöne, aber nicht einfache Wanderung auf den 2139 Meter hohen Hochobir starten. Der Hochobir ist eines der beeindruckendsten Bergmassive der Karawanken.

Die Ruine Wildenstein

Der Ausflug zum Wildensteiner Wasserfall lässt sich auch gut mit einem Abstecher zu den Resten der Ruine Wildenstein verbinden. Die Burg stand einst im Besitz des Adelsgeschlechtes der Wildensteiner und soll bei dem gewaltigen Erdbeben im Jahre 1348 zerstört worden sein, das vor allem die Region Villach-Dobratsch schwer in Mitleidenschaft gezogen hat.

Um die Ruine zu erreichen, nimmt man rechts vom Wasserfall einen steilen Pfad in Richtung Hochobir. Nach 15 bis 20 Minuten überquert man, nach einem kurzen Abstieg, den Zufluss zum Wasserfall und steigt rechts vom Wildensteiner Bach nochmals etwa zehn Minuten auf. Hoch über dem Wasserfall lässt sich zunächst eine herrliche Aussicht auf Gallizien genießen, danach kann man sich auf die Suche nach den Mauerresten der Ruine machen.

Die Sage von der Jungfrau von Wildenstein

Mystisch ist nicht nur die Burgruine Wildenstein selbst, sondern auch die Sage von der verwunschenen Jungfrau von Wildenstein. Diese sollte schon lange auf ihre Erlösung gewartet haben, als ihr eines Tages in der Nähe der Ruine Wildenstein ein Hirtenknabe erschien. Sie flehte ihn an, er möge sie erlösen und hätte dann das Recht, all ihre Schätze zu heben. Dazu sollte

Fernsehbeitrag zum Nachsehen

Siehe auch S. 176

So finden Sie zum Schatz

Kontakt: Gemeinde Gallizien
Gallizien 27
9132 Gallizien
Tel. 04221 2220
www.gallizien.gv.at

Anreise: Auto: Ab Gallizien, Kreuzung B85 (Klagenfurt rechts/geradeaus Ferlach) links Richtung Robsch. Bis Gasthof Zenkl direkt an der Straße, dann der Beschilderung folgen.
Bahn: Ab Klagenfurt Regionalzug oder Bus nach Gallizien.

der Hirte das erste Geschöpf küssen, dem er auf dem Heimweg begegnen würde. Das erste Lebewesen, das dem Hirten über den Weg lief, war jedoch eine Schlange, von der sich der Hirte mit Schrecken abwendete. Unmittelbar nach dieser Begegnung erschien ihm erneut die Jungfrau und klagte ihm verzweifelt, sie müsse nun so lange auf die Erlösung warten, bis vor der Ruine Wildenstein eine Fichte mit drei Wipfeln wachse. Erst aus den Brettern aus ihrem Stamm werde die Wiege ihres Erlösers gezimmert werden.

Inmitten einer herrlichen Umgebung

Der Wildensteiner Wasserfall liegt in einer sehr reizvollen Region umgeben von zahlreichen anderen verlockenden Ausflugszielen. Im Sommer übt vor allem der nahe Klopeinersee die stärkste Anziehungskraft aus. Auch die Nähe zu Slowenien bietet weitere lohnende Ziele.

»Niederösterreich ist vor allem landschaftlich ein so vielfältiges Bundesland. Man findet hier einsame Plätze, urbane Gegenden und atemberaubende Landstriche. Da bin ich daheim.«

Claudia Schubert

»Niederösterreich ist meine Heimat. Hier durfte ich aufwachsen, hier leben meine Freunde, hier haben Kunst und Kultur einen ganz hohen Stellenwert. Mit immens großer Freude kehre ich immer wieder gerne zurück und finde Glück und innere Zufriedenheit.«

Daniela Fally

Kellergasse Galgenberg

Das Dorf ohne Rauchfang mit der versunkenen Kirche

Im nördlichen Weinviertel, einen Steinwurf von der tschechischen Grenze entfernt, liegt die Gemeinde Wildendürnbach. Die Besonderheit dieses Ortes findet man etwas außerhalb des Ortskerns, nämlich den Galgenberg. Er ist nur 256 Meter hoch, aber seine wahre Größe liegt in den 184 Presshäusern und Weinkellern, die ihn säumen – ein besonders malerisches Ambiente.

Am Gipfel des Galgenberges thront eine Kirchturmspitze. Ja, es ist tatsächlich nur die Spitze – das Dach eines Kirchturms und ein Gemäuer darunter. Sie ist jenes Wahrzeichen der Gemeinde, das völlig zufällig entstanden ist. 1971 wurde die alte, baufällige Pfarrkirche im Dorf gesprengt. Die Kirchturmspitze blieb dabei ganz und als Dank, dass niemand zu Schaden gekommen ist, entschloss man sich, sie auf dem Galgenberg als Wahrzeichen aufzustellen.

Der Name Galgenberg stammt laut mündlicher Überlieferung aus dem 18. Jahrhundert. Zu dieser Zeit wurde auf dem Berg ein Galgen aufgestellt. Er diente allerdings lediglich der Abschreckung und nicht als Richtstätte. Wann er wieder entfernt wurde, ist nicht bekannt. Die Einheimischen nennen ihren Galgenberg liebevoll »Golingbir«. Die Kellergasse wird Dorf ohne Rauchfang genannt, weil die Gebäude, die wie kleine Häuser aussehen, keinen Rauchfang haben.

Laien mit viel Liebe zum Detail

In Wildendürnbach gibt es heute keinen Winzer mehr, der vom Weinbau lebt. Aber es gibt umso mehr Hobbywinzer, die die knapp 40 Hektar Weingärten bewirtschaften und ihre

Liebevoll gestaltete Plätze
laden in der schmucken Kellergasse
zum Verweilen ein.

In der Turmspitze gibt es eine Glocke, die man zum Klingen bringen kann: Dann hat man einen Wunsch frei.

Presshäuser mit viel Liebe hegen und pflegen. Manche sehen darin die Ursache, warum die Keller und Presshäuser in so tadellosem Zustand sind, denn »für solche Spielereien haben Profiwinzer wenig Zeit«, erklärt der Obmann des Ortsweinbauvereins Wildendürnbach, Willibald Schubert. Im Jahr 2013 wurde die Kellergasse am Galgenberg zur schönsten Kellergasse Niederösterreichs gekürt und darauf ist man in der Gemeinde natürlich besonders stolz. Es wird sehr genau darauf geachtet, dass die Keller möglichst originalgetreu hergerichtet und erhalten bleiben und keine Bausünden entstehen.

Die Presshäuser am Galgenberg sind in drei Etagen angeordnet. »Das geschlossene Ensemble und die Dreistöckigkeit sind sicher einzigartig in ganz Österreich«, meint Willibald Schubert. »Es geht immer ein Keller unter dem anderen durch. Und es gibt sogar Keller, bei denen die Kellerwände so nah beieinander sind, dass man den Nachbarn reden hört«, erzählt der Hobbywinzer.

Rund um den Galgenberg werden vor allem Grüner Veltliner und Welschriesling angebaut. Es finden sich aber auch Trauben der Sorten Riesling, Goldburger, Weißburgunder, Sämling 88 und Frühroter Veltliner sowie Zweigelt, Blauburger oder Blauer Portugieser. Die Verarbeitung erfolgt kaum noch in den alten Presshäusern am Galgenberg, denn heute ist die Weinzubereitung wesentlich aufwändiger als früher. So sind etwa die Hygienevorschriften strenger. Doch am Galgenberg gibt es kein Fließwasser und keinen Kanalanschluss.

Bei einem Spaziergang durch die idyllische Kellergasse kommt man an weiß gekalkten Presshäusern vorbei. Man entdeckt Dächer, die mit Margeriten, Gräsern und Klee geschmückt sind. In einem Schaukeller kann man sich bei Wein, Wasser oder Traubensaft erfrischen und nebenbei einiges über die Kellergasse und die Gegend erfahren.

Fernsehbeitrag zum Nachsehen

Siehe auch S. 176

So finden Sie zum Schatz

Kontakt: Gemeinde Wildendürnbach
Wildendürnbach 95
2164 Wildendürnbach
Tel. 02523 8252
www.wildenduernbach.at
www.galgenberg.at

Anreise: Auto: A5 Richtung Mistelbach, dort abfahren und weiter nach Staatz, Neudorf bei Staatz und Wildendürnbach
Bus: Ab Wolkersdorf bis Staatz und dort umsteigen in den Bus bis Wildendürnbach

Man hört nur die Natur

Zwitschernde Spatzen spielen Verstecken. Ein Mäusebussard kreist um den Galgenberg. Die Weinreben wiegen sich im Wind und die Grillen zirpen. Nur ab und zu fährt ein Traktor vorbei oder eine Gruppe von Männern und Frauen plaudert vor ihren Kellern. Man unterhält sich über den Wein und genießt dabei eine Kellerjause. »Das ist auch eine Besonderheit bei uns, dass die Hobbywinzer sich austauschen. Es werden die Weine von anderen verkostet, und da kann es schon vorkommen, dass der eine zum anderen sagt, was noch nicht perfekt an einem Wein ist«, erzählt Weinbauvereinsobmann Willibald Schubert.

Von Mai bis September werden die Keller für Gäste geöffnet. Jedes Wochenende gibt es den Tag der offenen Kellertür, an dem zumindest ein Keller Heurigenbetrieb hat.

Ein Besuch in der idyllischen Kellergasse am Galgenberg entschleunigt. Man hat fast das Gefühl, dass die Zeit hier ein bisschen langsamer vergeht.

Ysperklamm

Unterwegs entlang der Großen Ysper

Sprudelnde Wasserfälle, imposante Felsformationen und saftig grüne Wälder – so lässt sich die Ysperklamm wohl am besten beschreiben. Auf einer Länge von knapp zwei Kilometern stürzt sich die Ysper über 300 Höhenmeter durch die Ysperklamm. Über Waldwege, Holzstege und Brücken kann man dem Lauf der Ysper folgen und kommt immer wieder an sogenannten Kraftplätzen vorbei.

Die Ysperklamm befindet sich im südlichen Waldviertel im Bezirk Melk. Sie wurde 1952 zum Naturdenkmal ernannt. Bis auf die Aufstiegshilfen, die durch die Klamm führen, ist sie weitgehend naturbelassen. Man findet etwa immer wieder umgestürzte Bäume, die als Totholz einen wichtigen Beitrag zum ökologischen Gleichgewicht liefern.

Ausgangspunkt für eine Wanderung durch die Ysperklamm ist das Gasthaus Forellenhof am Parkplatz der Ysperklamm. Dort befindet sich der Eingang mit einer Info-Stelle. Der Weg führt bergauf über duftende Waldböden, neu errichtete Holzstege und Brücken. Zu Beginn geht es noch relativ flach dahin. Das Wasser fließt gemütlich und man findet auch seichte Stellen, die Lust auf eine kleine Erfrischung machen. Granitblöcke säumen den Weg. Sie haben eine spezielle Form, denn durch die sogenannte Wollsackverwitterung – eine besondere Form der Gesteinsverwitterung – sind sie abgerundet und liegen wie Wollsäcke oder Pölster übereinander. Nach einiger Zeit wird der Weg steiler und man wandert über Stiegen weiter die Klamm hinauf, vorbei an unzähligen Wasserfällen. Zwischendurch laden Holzliegen zu einer Rast ein. Der größte Wasserfall ist im oberen Teil der Ysperklamm zu finden. Dort fällt

An heißen Sommertagen bietet die Ysperklamm eine willkommene Abkühlung.

das Wasser tosend über die Felsen ab. Weiter oben wird die Ysper wieder zu einem ruhigen, plätschernden Bach. Nach einer guten Dreiviertelstunde hat man die Klamm durchwandert und gelangt zur Fläche des ehemaligen Ödteichs, die nun mit einem Fichtenwald bewachsen ist.

Auf Kraftlinien durch die Natur

Das Wasser der Ysper hat eine bräunliche Farbe. Das kommt von einem hohen Eisengehalt. Vor allem nach Regenfällen ist das Braun intensiv. Das Klima ist hervorragend. »Hier wachsen Pflanzen, die in der Umgebung sonst nicht zu finden sind, zum Beispiel der Sauerklee«, erklärt Naturvermittler Hans Pichler. Und er weiß auch: »Das Besondere an der Ysperklamm ist das viele Wasser. Auch bei Trockenheit gibt es hier noch Wasser. Andere Klammen sind nicht so stark wasserführend wie die Ysperklamm. Außerdem gibt es hier viele Kraftlinien und zwar positive und negative. Bei manchen Menschen äußert sich das so, dass es in den Beinen ganz warm wird, wenn sie auf einer positiven Linie stehen.« Auf dem Weg durch die Klamm kommt man außerdem bei vielen Kraftplätzen vorbei. Hans Pichler hat dazu eine interessante Beobachtung gemacht: »Kinder gehen ganz automatisch zu diesen Kraftplätzen. Sie merken, dass es ihnen einfach gut tut.« Wer mit einem der zahlreichen Naturvermittler durch die Ysperklamm wandert, kann einiges über Bäume, Kräuter, Geologie, Kraftlinien und die Umgebung erfahren. Sie sind speziell geschult und führen jeden Samstag durch die Ysperklamm.

»Auf dem Holzweg«

Heute ist die Ysperklamm ein beliebtes Ausflugs- und Wanderziel. Bis ins 20. Jahrhundert hatte sie aber eine wichtige Funktion für die Holzwirtschaft. Auf der Ysper wurde nämlich Holz transportiert, also getriftet, wie das in der Fachsprache heißt. Jedes Jahr wurden bis zu 45.000 Klafter Holz (mit einer Länge von 70 bis 75 Zentimetern) aus dem Weinsberger Wald bis zur Donau geschwemmt. Zeugen aus dieser Zeit sind Steinmauern aus dem

17. Jahrhundert, die man heute noch an manchen Stellen in der Ysperklamm entdecken kann und die teilweise noch sehr gut erhalten sind. Im Yspertal erzählt man sich noch heute eine Begebenheit mit Kaiser Franz Joseph, der sehr interessiert an der Holztrift gewesen sein soll. Einmal besuchte er die Ysperklamm, um zuzuschauen. Dabei wäre er fast verunglückt. Im letzten Moment konnte ihn ein Jäger aus der Gegend packen und vor dem Absturz retten.

Jede Jahreszeit hat ihren besonderen Reiz

Die Ysperklamm ist zu jeder Jahreszeit ein beeindruckendes Naturjuwel. Im Frühling und Sommer besticht sie durch ihr saftiges Grün, im Herbst verfärben sich die Laubwälder in ein buntes Blättermeer und im Winter kann man bizarre Eisformationen bestaunen.

So finden Sie zum Schatz

Kontakt: Marktgemeinde Yspertal
Hauptstraße 9
3683 Yspertal
Tel. 07415 6767
www.yspertal.info
www.ysperklamm.at

Anreise: Auto: A1, Abfahrt Ybbs an der Donau, weiter B36 Richtung Persenbeug und Yspertal, in Kammerbach der Beschilderung Richtung Ysperklamm folgen.
Bus: Ab Melk bis Pöggstall, dort umsteigen Richtung Amstetten, Ausstieg Ysperklamm.

Fernsehbeitrag zum Nachsehen

Siehe auch S. 176

Auf einer Länge von fast zwei Kilometern gibt es viele Kraft- und noch mehr Lieblingsplätze.

Hermannshöhle

Eine Tropfsteinhöhle als Paradies für Fledermäuse

Die Hermannshöhle bei Kirchberg am Wechsel ist die größte Tropfsteinhöhle Niederösterreichs. Auf einer relativ kleinen Grundfläche erstrecken sich Wege und Gänge über mehr als vier Kilometer, zudem ist die Hermannshöhle eines der bedeutendsten Winterquartiere für Fledermäuse in Österreich. Bis zu 700 Tiere suchen in der kalten Jahreszeit Schutz in der Höhle.

Mehr als eine Million Jahre ist es her, dass die Höhle entstanden ist. Sie liegt im 740 Meter hohen Eulenberg, etwa einen Kilometer nordwestlich von Kirchberg am Wechsel. Die Temperatur in der Hermannshöhle beträgt das ganze Jahr über etwa sieben Grad Celsius, die Luftfeuchtigkeit fast 100 Prozent. In der Höhle finden sich unzählige imposante Tropfsteine. Viele von ihnen tragen Namen, die ihnen Forscherinnen und Forscher je nach ihrer Form gegeben haben. So trifft man etwa auf den »Tropfsteinzwerg«, den »Niagarafall« oder den »Spitzenvorhang«.

Unfall mit Glücksfund

Ein Blick in die Geschichte gibt Auskunft über die Entdeckung und Erforschung der Höhle. Um das Jahr 1790 soll ein Hüterbub, der gerade Wildtauben nachjagte, in den »Abgrund« – wie er in der Gegend genannt wird – gestürzt sein. Mehrere Männer konnten ihn retten und entdeckten dabei eine geräumige Höhle. Seit diesem Unfall wird der Abgrund als »Taubenloch« bezeichnet. In den folgenden Jahrzehnten wurden immer wieder Abstiegsversuche unternommen. So wagte auch der Reiseschriftsteller Joseph Albert Krickel im Jahr 1836 gemeinsam mit einigen Männern aus Feistritz am Wechsel

In der Hermannshöhle wächst ein Tropfstein etwa ein bis zwei Millimeter in 100 Jahren.

Lohnenswert: Bei einer Führung kann man die Hermannshöhle erkunden.

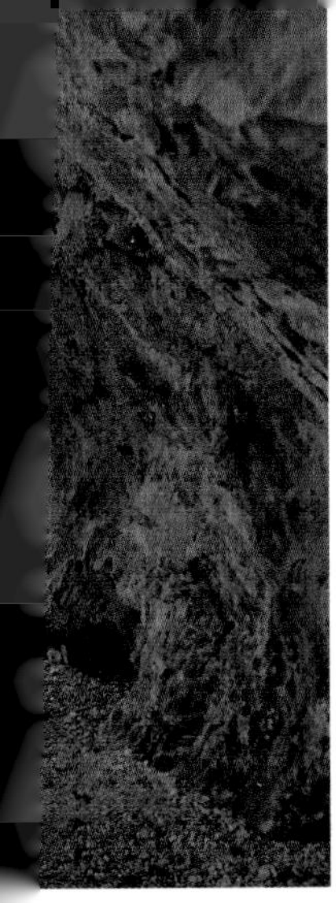

den Abstieg. 1838 publizierte er einen Bericht darüber, der heute auch als der erste schriftliche Nachweis über die Höhle gilt. Krickel schrieb darin, dass er 66 Klafter, also circa 125 Meter tief abgestiegen war und ihm dann ein »fürchterlicher Schlund« den Weg versperrt habe. 1843 unternahm Hermann Steiger von Amstein, Namensgeber für die Hermannshöhle, genaue Untersuchungen und fand den Durchstieg zum »Windloch«. Er war beeindruckt von der Schönheit und Weitläufigkeit der Höhle und kaufte die Grundstücke um die Eingänge und das Recht auf die Höhle. Sofort begann er mit der Erschließung der Höhle. Doch bald reichten seine finanziellen Mittel nicht mehr und er musste verkaufen. Im Laufe der Jahre verfielen die Weganlagen und die Höhle wechselte mehrmals den Besitzer. 1968 kaufte eine Gruppe von Höhlenforschern die Höhle und betreut sie seither als Hermannshöhlen Forschungs- und Erhaltungsverein. Die Weganlagen und die Beleuchtung wurden verbessert, außerdem wurde sie neu vermessen. Dabei wurden einige neue Teile entdeckt. Die Summe aller vermessenen Höhlengänge beträgt heute 4.430 Meter, der Höhenunterschied 73 Meter.

Am Teich trifft man den Zwerg

Die Erforschung der Höhle mit Seilen, Strickleitern und Fackeln war in früherer Zeit ein abenteuerliches Unterfangen. Heute gestaltet sich ein Höhlenbesuch schon deutlich einfacher. Eine Führung dauert eine Dreiviertelstunde und führt auf gut befestigten, beleuchteten Wegen vom »Windloch« zum 40 Meter höher gelegenen »Taubenloch«. Über die sehr geräumige Vorhalle erreicht man durch den »Barbarastollen« die 15 Meter hohe »Dietrichshalle«. Im oberen Teil der Höhle gibt es viele beeindruckende Tropfsteingebilde zu bewundern. Der »Große Dom« ist 20 Meter hoch und das Zentrum des Höhlensystems. Von hier zweigt die »Hohe Kluft« ab, die sich mäandernd durch den Berg zieht. Durch den »Karl-Ludwig-Tunnel« geht es zur »Weißen Kluft«, die dick mit der sogenannten Bergmilch oder Mondmilch ausgekleidet ist. Dabei handelt es sich um spezielle Ablagerungen, die weiß bis milchig aussehen. Auf dem Grund der »Weißen Kluft« befindet

Fernsehbeitrag zum Nachsehen

Siehe auch S. 176

So finden Sie zum Schatz

Kontakt: Hermannshöhlen Forschungs- und Erhaltungsverein
Obere Donaustraße 97/1/61
1020 Wien
Tel. 02641 2326 oder 0676/4214039
www.hermannshoehle.at

Anfahrt: Auto: A2, Abfahrt Edlitz, B54 Richtung Kirchberg am Wechsel. Von Otterthal/Gloggnitz links Richtung Ramssattel; von Feistritz rechts nach Ramssattel; vor Kirchberg Parkplatz, ca. 5 Min. zu Fuß. Bus: Ab Wr. Neustadt nach Aspang Markt, umsteigen nach Kirchberg, 12 Min. zu Fuß.

sich ein Teich, an dessen Ufer der »Tropfsteinzwerg« sitzt. Am Ende der Führung erreicht man die geräumige »Fürstenhalle«, von der aus man wieder das Tageslicht sehen kann, bevor man 25 Meter hinauf zum Ausgang steigt.

Prominente Wintergäste mit weiter Anreise

Mit etwas Glück kann man bei einem Besuch in der Höhle Fledermäuse entdecken. Diese nützlichen Tiere sind eigentlich keine echten Höhlenbewohner, sondern Höhlengäste. Sie sind vor allem im Winter auf die Höhle angewiesen und halten dort ihren Winterschlaf. Die gleichmäßige Temperatur kommt ihnen dabei zugute. Forschungen haben ergeben, dass die Fledermäuse aus einem Umkreis von bis zu 30 Kilometern zur Überwinterung in die Höhle kommen. Die häufigste Art ist die »Kleine Hufeisennase«. Insgesamt wurden bisher 14 Arten von Fledermäusen in der Höhle beobachtet. Die Hermannshöhle ist eines der bedeutendsten Winterquartiere für Fledermäuse und beherbergt in der kalten Jahreszeit etwa ein Fünftel des österreichischen Bestandes.

»Egal, wohin ich reise: Heimkommen nach Oberösterreich ist für mich nie mit Wehmut verbunden. Ein Bundesland, das es geschafft hat, Kunst, Kultur, Wissenschaft, Industrie und Herzensbildung so auf einen Nenner zu bringen, bedeutet Heimat für mich.«

Jutta Mocuba

»Ein Hoch auf Oberösterreichs Vielfältigkeit. Ich lebe in Ottensheim an der Donau, hinter mir das weiche und doch raue Mühlviertel, keine Stunde, und ich bin an den Seen des Salzkammerguts oder mitten im pulsierenden Linz. Ein Mix, den ich von keiner Weltgegend kenne.«

Ferry Öllinger

OBERÖSTERREICH

Traunfall

Traunfall – Kraftwerk – Romantik an der Traun

Wasserfälle sind ein tolles Geschenk der Natur: tosendes Wasser, das über die Böschung in die Tiefe rauscht. Um dieses Naturschauspiel beobachten zu können, muss man nicht zu den größten Wasserfällen der Welt reisen – schon der Traunfall in Oberösterreich raubt einem den Atem.

Der enge, tief eingeschnittene Talbereich der Traun zwischen Gmunden und Lambach ist ein »Natura 2000« Schutzgebiet. Folgt man den Tafeln »Wanderweg Traunfall«, so erreicht man auf dem linken Ufer die Terrasse der steil abwärtsführenden, jahrhundertealten, bis 1925 dem Verkehr dienenden Traunfallstraße. Man befindet sich auf dem Gemeindegebiet von Desselbrunn. Von diesem Weg aus öffnet sich die Sicht auf den hinter den Fallklausen beginnenden canyonartigen, zerklüfteten Einbruchsgraben, der sich nahezu 600 Meter weit flussabwärts erstreckt. Der eigentliche »Traunfall«, wie er einst von naturbegeisterten Literaten beschrieben und in vielen Bildern festgehalten wurde, der sogenannte Wilde Fall, entstand dort, wo der Graben sich zu einem Kessel erweitert, ehe er sich wieder zu einer Klamm verengt. Über diese hinweg führte die alte, echte Traunfallbrücke, eine Holzbrücke. Von dieser Brücke aus sah sich der Betrachter dem Halbrund der stürzenden Wassermassen gegenüber, er spürte die aufsprühende Gischt, in der das Sonnenlicht sich in die Farben des Regenbogens wandelte, er war eingehüllt in ohrenbetäubendes Donnern und Tosen.

Wo einst die alte Floßgasse entlangführte, befindet sich heute der neue Triebwerkskanal

Über den Grabenrand stürzten die Wassermassen einst, als weder Klausen noch Streichwehr ihren Lauf hemmten, zwölf Meter tief in den Abgrund.

Der Reichtum an Vogelarten ist überwältigend: Zwergtaucher, Kormoran, Graureiher und viele mehr lassen sich entdecken.

des Kraftwerkes. Erhalten geblieben sind noch das alte Klausmeisterhaus, die Herberge, die Schiffsleutkapelle sowie die steinernen Pfeiler der bis Mitte der Dreißigerjahre des 20. Jahrhunderts noch benützten Holzbrücke über die Traun. Ihr Zustand war schon sehr schlecht, es gab kein Geländer mehr, und über die Brücke zu gehen, galt als Mutprobe. Der Weg hinunter zu dieser ehemaligen Holzbrücke, der sogenannte Traunfallweg, wurde wieder begehbar gemacht.

Heute liegt die Bedeutung der Gefällestufe in der energiewirtschaftlichen Nutzung oberhalb der Traunfallbrücke durch das Kraftwerk Siebenbrunn der Papierfabrik Steyrermühl und unterhalb der Brücke durch das Traunfallkraftwerk der Energie AG. Das Wehr, die Schleusen und der Wasserkanal sowie das Kraftwerk selbst haben den Charakter des Traunfalls sehr verändert und oft auch wasserlos gemacht. Die Mühle und das Sägewerk am Fuß des Traunfalls sind verschwunden. Kraftwerkspläne an der Traun sahen in den Sechzigerjahren mehrere Staustufen vor, die jedoch nicht verwirklicht wurden. Damit wurde die Traunschlucht zwischen Gmunden und Lambach mit dem Traunfall in seiner wildromantischen Schönheit erhalten.

Die Angst vor dem wilden Fall

Wenn man auf der neuen Brücke steht, sieht man flussabwärts den Traunfall, die Gastwirtschaft »Hubertushof« und das altehrwürdige Kirchlein zum Heiligen Nikolaus, über dessen Erbauung in alten Urkunden von 1493 und 1939 allerlei berichtet wird: Da es zuweilen vorkam, dass die Fahrzeuge der Holzflößer und die Salzzillen in den »Wilden Fall« hinabgerissen wurden und zerschellten, erbauten fromme Salzschiffer das Kirchlein und stifteten eine heilige Wochenmesse, um sich eine glückliche Fahrt durch den Fall – also die Schlucht– zu sichern.

Wer gar das Glück hat, in einer Mondscheinnacht um den »Chorinskystein« zu fahren, dem fallen beim Plätschern des Ruders noch die alten Geschichten von den Traunreitern ein. Sie mussten mit ihren Pferden beladene Schiffe flussaufwärts ziehen und sollen an der engen Stelle des Chorinskysteins

Fernsehbeitrag zum Nachsehen

Siehe auch S. 176

So finden Sie zum Schatz

Kontakt: Gemeinde Roitham am Traunfall
Gemeindeplatz 9
4661 Roitham
Tel. 07613 5155
www.roitham.at

Anreise: Auto: A1, Ausfahrt Laakirchen West, B144 Richtung Roitham-Traunfall
Bahn: Bis Lambach, dann weiter mit dem Bus Richtung Altmünster bis Roitham

und vor dem »Rabenstein« besonders viel geflucht haben, deshalb hört man in schaurigen Nächten den Teufel noch fluchen. Um ihn zu bannen, setzte man dort ein Kreuz auf den Felsen.

Wandern mit Taucherbrille

Zum Traunfall zieht es aber nicht nur naturbegeisterte Wanderer, sondern auch Taucher, die ihr Abenteuer unter Wasser suchen. In diesem kristallklaren Gewässer lässt es sich wunderbar scuben – eine Mischung aus Hydrospeed und Flussschnorcheln. Mit Schnorchel, Taucherbrille und Flossen erkundet man die faszinierende Unterwasserwelt des glasklaren Flusses. Bei diesem neuen Trend lässt man sich die Traun abwärts treiben. Die Traunfall-Tour ist etwa vier Kilometer lang und ist bei fast jedem Wasserstand möglich.

Vogelgesangklamm

Klammheimlich zum Doktortitel

Die Vogelgesangklamm ist mit ihrer Länge von mehr als 1.500 Metern die zweitlängste Klamm in Österreich. Rund 500 Stufen und Stege führen durch die wildromantische Felsenschlucht. Zwischen hoch aufragenden Felsen bahnt sich das rauschende Wasser des Trattenbaches seinen Weg ins Tal.

Die Vogelgesangklamm in Spital am Pyhrn ist eine wildromantische Felsenschlucht und liegt am Fallbach. Der ursprüngliche Name lautete bis 1905 »Fallbachklamm«. Neuer Namensgeber war ab diesem Zeitpunkt Dr. Moritz Vogelgesang. Nach Recherchen ist die Vogelgesangklamm die einzige mit Doktortitel, und das hat eine Geschichte. Dr. Moritz Vogelgesang war Gemeindearzt von Spital am Pyhrn und er war auch Obmann des Verschönerungsvereines in Spital am Pyhrn. In dieser Funktion bemühte er sich sehr um die Begehbarmachung dieser wildromantischen, über eineinhalb Kilometer langen Felsenschlucht, daher trägt sie den Namen »Dr.-Vogelgesang-Klamm«.
Ein aktiver Fremdenverkehrsverein sorgte für die Verbesserung von Ausflugswegen, und am 12. August 1905 wurde die Sektion Spital am Pyhrn des Deutschen und Österreichischen Alpenvereins gegründet. Das rege Interesse für diese Sektion und die Touristik dokumentierte sich darin, dass bei der Gründungsversammlung des Alpenvereins 21 Spitaler diesem sofort beitraten. Zum Vorstand wurde Dr. Moritz Vogelgesang gewählt und zu seinem Stellvertreter der damalige Inhaber des Gasthofes zur Post, der sehr engagierte Josef Grundner.

Man machte es sich zur vorrangigen Aufgabe, die herrliche Bergwelt auch für die Touristen zu erschließen, und scheute dabei weder Mühe noch Arbeit.

Die Schönheit der Berge ist für alle da

Die Spitaler hatten sich viel vorgenommen. Von der im Herbst 1905 bis nach Spital am Pyhrn verlängerten Bahnlinie erhoffte man sich schließlich eine ungeheure Aufwertung des Ortes. Von 1901 bis 1905 wurde der Bosrucktunnel für die Eisenbahn gebaut und die dazugehörige Pyhrnbahnstrecke. Seit dem Jahre 1906 ist Spital am Pyhrn an das Eisenbahnnetz angebunden und ab nun für die Sommerfrischler zur damaligen Zeit gut erreichbar.
1908 wurde die Klamm durch ein Hochwasser zerstört, nach dem Ersten Weltkrieg aber wurden die Stege höher auf den Wänden wieder errichtet.
1926 bis 1927 wurde von der Gemeinde Spital am Pyhrn die ganze Felsenschlucht mit Stiegen und Stegen, die im senkrechten Felsen verankert sind, zum Durchwandern hergerichtet. Diese Treppen und Stege werden vor der Öffnung Anfang Mai immer genau überprüft und den ganzen Sommer über gut betreut, sodass die Besucher sicher und gefahrlos das Naturschauspiel des stürzenden Wassers gut miterleben können. Ehrenamtliche Helfer wie auch die Spitaler Bergretter sind Jahr für Jahr unterwegs, um Geröll und Bäume oberhalb der Stege zu kontrollieren oder zu entfernen und so höchstmögliche Sicherheit zu bieten. Im Winter passiert es immer wieder, dass durch Lawinen ganze Stege total zerstört werden. Egal ob der Neubau oder die Reparatur eines Steges oder einer Stiege, es ist immer Handarbeit gefordert. Maschineller Einsatz ist nicht möglich. Das Material muss durch die Klamm zur benötigten Stelle getragen und direkt im Gelände eingebaut werden.
Die Vogelgesangklamm wird vom Kleinkind bis zum rüstigen Achtziger gerne besucht. Auf den Brücken und Leitern geht man zwischen hoch aufragenden Felsen durch die wunderschöne, enge Schlucht.

Die Naturgewalt des Wassers lässt sich nur mit dem permanenten Einsatz von Liebhabern bändigen.

Die zweitlängste erschlossene Klamm unter den österreichischen Felsklammen.

Heilende Quellen und farbenprächtige Pflanzen

Bereits am Weg zum Klammeingang heißt es, achtsam zu sein. Etwas mystisch wirkt noch kurz vor dem Mauthäuschen eine Schwefelquelle. Hier kann man beobachten, wie schwefelhaltiges Wasser in dem gemauerten Becken aufsteigt.

Im Frühjahr gibt es die prachtvollen Schneerosen zu bewundern, danach die Leberblümchen, um die Sommersonnenwende blüht der Wald-Geißbart, auch Fuchsschwanz genannt. Aufgrund der Feuchte findet man sehr viele Wasserpflanzen und Kohlkratzdisteln. Das weiß blühende Mädesüß sieht man im Sommer. In den Felsen der Klamm können Sie sogar den berühmten Almrausch, also die Alpenrosen, entdecken.

So finden Sie zum Schatz

Kontakt: Tourismusbüro
Spital am Pyhrn
Stiftsplatz 1
4582 Spital am Pyhrn
www.spital-pyhrn.at
Tel. 07563 249

Anreise: Auto: A1 bis Voralpenkreuz, Ausfahrt auf A9 Richtung Graz, Ausfahrt Spital am Pyhrn, weiter auf B138 bis Grünau
Bahn: Bis Spital am Pyhrn, dann noch ca. 3 Kilometer Fußweg

Fernsehbeitrag zum Nachsehen

Siehe auch S. 176

Schwarzenbergischer Schwemmkanal

Wilde Natur und lebendige Kultur

Nur ein paar Schritte in den Wald hinein und die Welt gehört einem scheinbar ganz alleine. Wer diesem rauen Land im Norden Oberösterreichs seine Geheimnisse entlocken will, kann dabei eine kleine Sensation entdecken: den Schwarzenbergischen Schwemmkanal.

Die tiefen Wälder des Böhmerwaldes bergen ein heimliches Wunder. Lange Zeit fristete der Schwemmkanal ein Dasein im Verborgenen. Erst nach dem Fall des Eisernen Vorhangs rückte er im Jahre 1990 ins Blickfeld des neuen Europa und wurde in seiner ganzen Länge für Touristen und Besucher zugänglich. Wer Sehnsucht nach Ruhe und Erholung hat, findet hier den geeigneten Rückzugsort.

Die Entstehung des Kanals geht zurück bis ins 18. Jahrhundert. In dieser Zeit war die Reichshauptstadt Wien enorm gewachsen und Brennholz ein knappes Gut. Im Jahr 1774 legte der Forstingenieur Josef Rosenauer seinem Auftraggeber Fürst Schwarzenberg einen genialen Plan vor. Rosenauer hatte die Idee, Holzressourcen, die im Böhmerwald im Überfluss vorhanden waren, nach Wien zu befördern. Er wollte einen Wasserweg bauen, auf dem das Holz aus den abgelegenen Waldgebieten in die Hauptstadt geschwemmt wird. Einziges Hindernis war der Bergrücken des Böhmerwaldes, der dem Vorhaben im Wege stand, die Überwindung der kontinentalen Wasserscheide (790 Meter) zwischen Donau und Moldau. Ein kühnes Vorhaben, das nur unter Einsatz fortschrittlichen bautechnischen Wissens verwirklicht werden konnte.

Der Kanal gilt als Symbol der neu belebten Verbundenheit mit den tschechischen Nachbarn.

Einst eine technische Meisterleistung, heute ein Ort der Ruhe und des puren Naturgenusses.

Doch Josef Rosenauer gelang die Pioniertat und er schaffte es, mit seinem fortschrittlichen Kanalsystem die Natur zu überlisten. Während der goldenen Zeit der Schwemme wurden acht Millionen Raummeter Holz gedriftet. Der Plan ging auf, der Rubel rollte.

Dann wurde es wieder still um den Schwemmkanal, bis nach der politischen Wende und der Auflösung der Tschechoslowakei der Kanal mit vereinten Kräften österreichischer und tschechischer Helfer restauriert wurde. Heute ist das Programm am Schwemmkanal, bei dem die kulturelle Verbundenheit der tschechischen und österreichischen Bevölkerung deutlich wird, ein Anziehungspunkt für viele.

Alte Tradition neu entdecken

Mehr als ein Jahrhundert lang war der Schwarzenbergische Schwemmkanal die Hauptschlagader der Region im Dreiländereck Oberösterreich-Bayern-Südböhmen. Seit der letzten Schwemme im Jahr 1892, bei der noch der gesamte Kanal im Einsatz war, ist buchstäblich viel Wasser den Bach hinuntergeflossen. Heute wird das kulturelle Erbe der Region wieder belebt. Jedes Jahr im Sommer erwacht der Schwemmkanal zu neuem Leben. Es wird wieder geschwemmt. Und es wird getanzt, gesungen und musiziert. Die Feste am Schwarzenbergischen Schwemmkanal sind bei Groß und Klein sehr beliebt. Schließlich kann man dabei hautnah erleben, wie ein Stück Geschichte lebendig wird.

Erholungsparadies Schwemmkanal

Wenn man sich in den Sattel schwingt, kann man Josef Rosenauers Lebenswerk ganz gemütlich an einem Tag mit dem Fahrrad entdecken. Wie Tag und Nacht sind die Landschaften auf der österreichischen und tschechischen Seite der Grenze. Lieblich und sanft auf der einen Seite, wild und romantisch auf der anderen. Reizvoll und bezaubernd sind beide. Unterwegs am Schwemmkanal hat man die Möglichkeit, einen der ältesten Tunnel in Mitteleuropa und zahlreiche restaurierte Schleusen zu bestaunen. Knapp

Fernsehbeitrag zum Nachsehen

Siehe auch S. 176

So finden Sie zum Schatz

Kontakt: Tourismusregion Böhmerwald
Hauptstraße 2
4160 Aigen-Schlägl
Tel. 05 7890-100
www.boehmerwald.at

Anreise: Auto: A1 Ausfahrt Linz, Richtung Urfahr auf B127 bis Rohrbach, danach Richtung Aigen-Schlägl, Richtung Schwarzenbergischer Schwemmkanal
Bus: Ab Linz über Rohrbach und Ottensheim

50 Kilometer lang schlängelt sich der Schwarzenbergische Schwemmkanal neben beinahe autofreien Forststraßen durch den Böhmerwald. Der Radweg ist vor allem bei Familien und gemütlichen Radfahrern beliebt. Denn weil Wasser bekanntermaßen nicht bergauf fließt, müssen sich auch die Erholungssuchenden keinen Berg hinaufplagen.

Wer den Kanal zu Fuß erkunden möchte, findet in St. Oswald eine schöne Spazierrunde. Der gut vier Kilometer lange Rundweg führt zur sogenannten Steilstufe. Mit donnerndem Getöse stürzten hier die Scheiter zur Zeit der Schneeschmelze den Kanal hinunter. Wenn sich das Holz hier verkeilte, wurden die nachfolgenden Scheiter oft meterhoch in die Luft geschleudert. Für die Schwemmer konnte dies sehr gefährlich werden. Bei der Steilstufe endet der künstliche Wasserweg. Von hier wurden die Scheiter auf dem Zwettlbach bis zur Großen Mühl und weiter bis zur Donau geschwemmt.

Der Böhmerwald im Mühlviertel ist ein Kleinod an Erholung und Ruhe – der Schwemmkanal krönt ihn mit einer langen Geschichte und einer alten Tradition, die immer wieder aufs Neue die Besucher fasziniert.

»Der Blick ins Tennengebirge beim täglichen Frühstücks-kaffee – egal, ob die Sonne scheint, ob es regnet, stürmt oder schneit: das ist für mich Daheim, das ist für mich Salzburg.«

Conny Deutsch

»Ich wohne da, wo andere Urlaub machen. Salzburg ist das Paradies: ob Sport, Kultur oder die traumhafte Landschaft mit Seen und Bergen. Salzburg gibt mir das vertraute Gefühl von Heimat für mich und meine Familie.«

Reinfried Herbst

SALZBURG

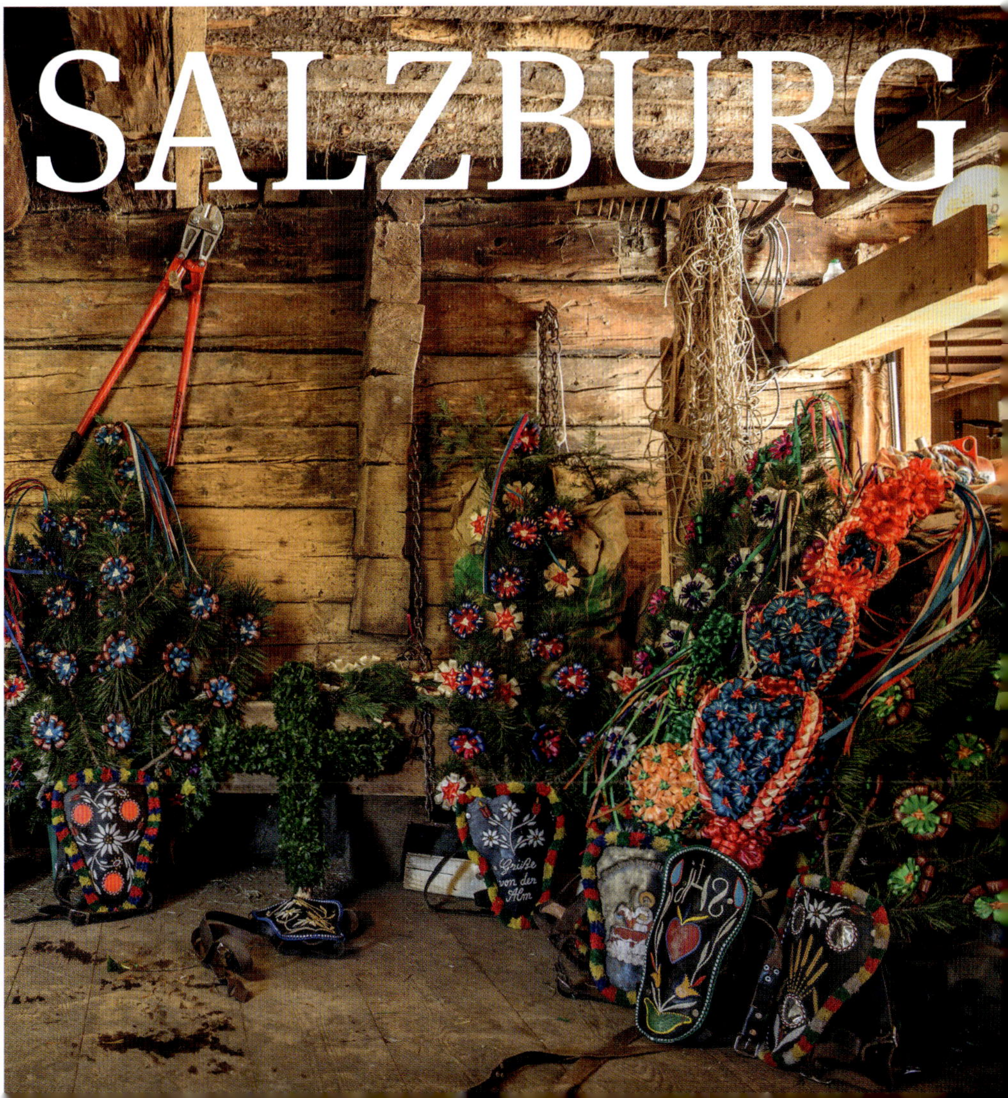

Habachtal in Bramberg

Smaragde und andere Juwelen im Herzen der Hohen Tauern

Wer das Habachtal im Salzburger Oberpinzgau besucht, der könnte als armer Mann hineingehen und als reicher Mann wieder herauskommen. Bis heute werden in einem der schönsten Nationalparktäler Österreichs Smaragde gefunden. Diese Edelsteine aus dem Habachtal haben einen ganz speziellen Zauber und finden sich deshalb in den Kronkammern vieler europäischer Herrscherhäuser.

In der Monstranz des Domes zu Salzburg sind gleich 24 von ihnen verarbeitet, bei den Kaiserlichen Kroninsignien in Wien sind sie als Große Tafelsteine zu sehen und auch die Queen of England nennt einen der grünen Steine aus dem Habachtal ihr Eigen – 42 Karat hat dieser Smaragd, der im Londoner Tower aufbewahrt wird. Das Grün der Habachtaler Smaragde ist intensiver als jenes der Steine aus Afrika oder Südamerika, vielleicht oder gerade deshalb waren und sind die Steine aus den Hohen Tauern hoch geschätzt. Und wohl auch deswegen, weil es in ganz Europa nur an zwei Orten Smaragde gibt: in Norwegen und eben hier, im Oberpinzgau. Bereits die Römer sollen davon gewusst haben. Der Legende nach besaß Kaiser Nero einen zu einem Monokel geschliffenen Habachtaler Smaragd.

Der grüne Stein lockte Geschäftsleute aus aller Welt in den Oberpinzgau. Die Schürfrechte wurden unter anderem von Prinzessin Anna di Medici gehalten. Ende des 19. Jahrhunderts erwarben dann die englischen Emerald Mines Ltd. das Eigentumsrecht, über die die Queen zu ihrem Smaragd aus dem Habachtal gelangte.

Der kommerzielle Smaragdabbau kam 1939 zum Erliegen, bis heute aber lockt das Habachtal Hobby-Mineraliensammler aus aller

Im Einklang mit der Natur: nicht, weil es das Nationalparkgesetz so vorschreibt, sondern weil es die Menschen so wollen.

Salzburgs höchster Berg
wacht über dem wertvollen Tal.

Herren Länder herbei, die sich im Schotterbereich des Leckbaches mit ihren Pfannen treffen und mit ein wenig Geduld und Glück auch tatsächlich noch immer Smaragde finden. Die Siebe kann man sich auch ausleihen, und vor allem für Kinder und Jugendliche ist die Jagd nach den grünen Steinen Abenteuer und Spaß zugleich.

Wer ganz sicher gehen will, dass er die funkelnden grünen Steine auch wirklich zu Gesicht bekommt, der sollte das Museum im Ort Bramberg am Wildkogel besuchen. Die Gemeinde nennt sich selbst das Smaragd-Dorf, und wer einmal die großen Smaragde im Museum gesehen hat, der weiß auch, warum. Der berühmteste und auch wertvollste Stein ist die Smaragd-Madonna.

Die wenigen Steine, die heute noch gefunden werden, erzielen bei Sammlern Spitzenpreise, die oft deutlich über den Preisen vergleichbarer Smaragde aus anderen Lagerstätten liegen. Ein Smaragd durchschnittlicher Größe aus dem Habachtal wird mit bis zu 2000 Euro gehandelt.

Im Winter wird es ganz still

Das mineralienreiche Habachtal ist gemeinsam mit dem Krimmler Achental das vielleicht beeindruckendste aller Tauerntäler – behütet und bewacht vom Großvenediger, eingerahmt von Gletschern und Wasserläufen, die dem Tal Form und Leben eingehaucht haben und das noch immer tun. Im Winter kehrt völlige Ruhe ein im Habachtal. Zu groß ist die Lawinengefahr, als dass sich ein Mensch dorthin wagen würde. Die Natur gehört und genügt sich dann selbst und die Tauern werden still und einsam. Erst im Frühjahr und im Sommer sind die Kuhglocken wieder zu hören und die Rufe der Senner. Einige wenige Almen werden bewirtschaftet, Kühe und Pferde werden aufgetrieben, alles geschieht hier im Einklang mit der Natur.

Für Wanderer und Besucher öffnet sich nun das Tal in seiner ganzen Schönheit. 14 Kilometer weit zieht sich der Weg taleinwärts bis zur romantisch gelegenen Moa-Alm und zum kleinen Ahornsee. Hier endet der Smaragdweg.

Fernsehbeitrag zum Nachsehen

Siehe auch S.176

So finden Sie zum Schatz

Kontakt: Gemeinde Bramberg am Wildkogel
Dorfstraße 100
5733 Bramberg
Tel. 06566 7338
www.wildkogel-arena.at

Anreise: Auto: Ab Salzburg A10, Abfahrt Bischofshofen, B168 nach Zell am See, dann nach Mittersill, B165 nach Bramberg/Neukirchen bis zum Eingang ins Habachtal
Bahn: Pinzgauer Lokalbahn (aus dem Jahre 1898) ab Zell am See oder Krimml
Tälertaxi: Ab Bramberg vom Parkplatz Habachtal zur Enzianhütte und zum Gasthof Alpenrose

Als Besonderheit der Gegend gilt der Pinzgauer Käse, der auf den Almen hergestellt wird. Ein sehr intensiver, würziger Magermilch-Käse mit – sagen wir – herzhaftem Aroma. Dieser Käse kommt auch in die berühmten Original Pinzgauer Kasnockn. Im Habachtal wird er frisch auf echtem Bauernbrot serviert und verzehrt.

Das Habachtal bei Bramberg, das Tal der Juwelen im Nationalpark, ist ob seiner Funde bekannt und berühmt in aller Welt. Wer aber einmal an einem schönen Sommer- oder Herbsttag dort gewandert ist, der fragt sich, ob nicht am Ende das Tal selbst das Juwel ist. Eines steht jedenfalls fest: Im Grunde kommt jeder, der in das Tal hineingeht, als reicher Mann wieder heraus, egal, ob er einen Smaragd gefunden hat oder nicht. Denn wirklich reich machen im Habachtal die Eindrücke, die Erlebnisse und die unvergesslichen Momente, die man mit nach Hause nimmt.

Taugl in Bad Vigaun

Ein Fluss voller Leben im Salzburger Tennengau

Eingebettet zwischen der alten Römerbrücke und dem Ortszentrum von Bad Vigaun liegt die Taugl. Auf den ersten Blick ein Flussbett, auf den zweiten aber viel mehr: Das Tauglgries ist Lebensraum für seltene Pflanzen und Tiere, ist Naherholungsgebiet für Ruhesuchende und Spielplatz für die Kinder des Ortes zugleich. Die Taugl – ein Fluss voller Möglichkeiten.

Wenn an einem schönen Sommertag die Sonne über der alten Römerbrücke aufgeht, dann erwacht im Tauglgries, dem Flussbett der Taugl, das Leben. Die letzten Tautropfen trocknen, ein kleiner Feuersalamander genießt die wärmenden Sonnenstrahlen, im Wasser spiegeln sich die Blätter seltener Pflanzen. Die Taugl ist Lebensraum für so manchen und manches. Sie ist so etwas wie die Lebensader des kleinen Kurortes Bad Vigaun im Salzburger Tennengau. Am breiten Kiesbett entdeckt der Spaziergänger Neues und sieht mitunter Unbekanntes. Entlang des Flusslaufs führt ein schön angelegter Wanderweg. So kann man gemütlich durch den Wald spazieren und immer wieder eintauchen in die Taugl und die Welt ihrer Bewohner. Schulen verwandeln die Taugl gerne in ein Klassenzimmer am Bach. Mit Hingabe werden Zaunkönig und Buntspecht gesucht und beobachtet, mit Respektabstand stehen die Kinder der selten gewordenen Äskulapnatter gegenüber, und beim Anblick der herrlichen Forellen und Äschen denken manche der Kleinen wohl auch ans Mittagessen daheim bei der Mama. Beim Spaziergang zurück ins richtige Klassenzimmer wird der Frauenschuh bestaunt, eine seltene Orchideenart, die hier wächst und mit wunderschönen lila-gelben Blüten bis 70

Zentimeter hoch wird. Ganz wichtig dabei: schauen ja, pflücken nein! Der Frauenschuh ist streng geschützt.
Stichwort Schutz: Den brauchen auch die brütenden Vögel, um ihnen Ruhe zu geben. Deshalb darf ein Teil des Flussbettes von April bis Ende Juli nicht betreten werden.
Noch viel beliebter als das Klassenzimmer am Bach ist bei Kindern wie Besuchern aber der Oberlauf der Taugl. Hier bieten kleine Tümpel und große, flach abgeschliffene Steinplatten herrliche Picknick-Plätze. Die Ruhe ist magisch, das Wasser kristallklar. Viele verbringen hier ganze Tage, lassen bei großer Hitze die Füße ins eiskalte Wasser baumeln. Die ganz Mutigen tauchen sogar im nur 18 Grad kalten Wasser unter, das von den Höhen des Tauglbodens im benachbarten St. Koloman herunterkommt.
Nach der Feng-Shui-Lehre fließt Wasser nicht nur, es trägt und reinigt, es erfrischt und erneuert alles Leben. Es nimmt, so sagen die, die an Feng Shui glauben, die Sorgen mit. Nirgends kann man das besser erleben als hier an der Taugl. Einfach dazusitzen, das Wasser sehen, hören und fühlen, sich seinen Gedanken hingeben – das macht den Zauber dieses Platzes aus. Wer die Taugl verstehen will, der muss leise sein und langsam.

Der Fluss kann es auch lustig und laut

»Tümpfihupfn« nennen die Jugendlichen aus dem Ort ein an sich harmloses Vergnügen, das für Fremde auf den ersten Blick aber gewagt aussieht. Aus sieben bis acht Metern Höhe wird von kleinen Felsvorsprüngen herunter in kleine, bottichartige Tümpel gesprungen, »Tümpfi« genannt. Man muss schon wissen, wo man springen darf, und wo nicht. Auskunft bekommen Auswärtige von den »local heroes« aber jederzeit und gerne.
Noch eine Besonderheit hat das Tauglgries zu bieten: eine Römerbrücke, die eigentlich gar keine ist, sondern nur so heißt. Vor mehr als 400 Jahren haben Zimmerleute einen Rundbogen über die Taugl errichtet, es wurden Steine herbeigeschleppt, und nach dem Prinzip eines Gewölbes wurde die Brücke für die Straße hinauf nach St. Koloman nach römischem Vorbild

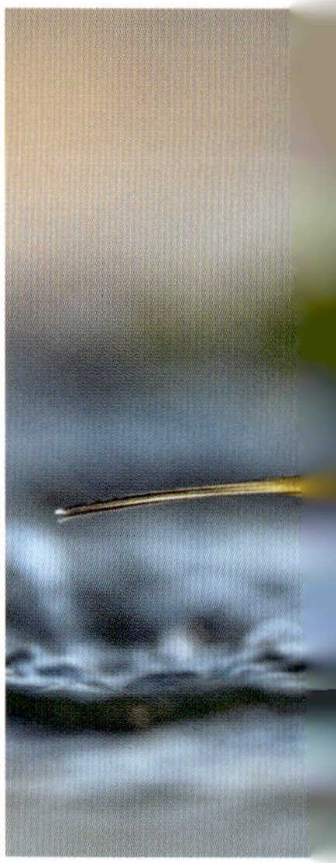

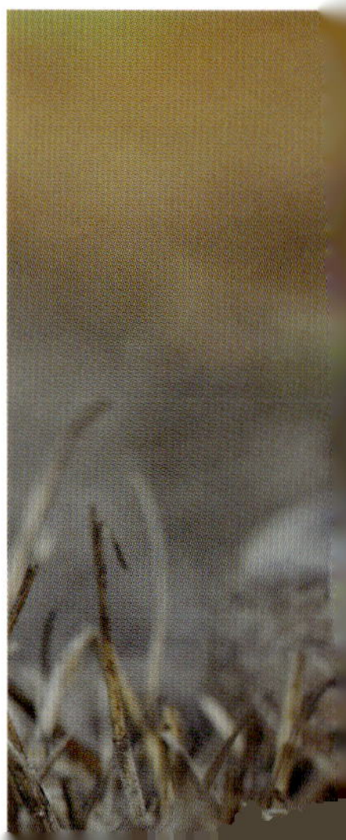

Treffpunkt für Biologen, Picknicker und Mutige

Lebensader Fluss: Lebensraum für seltene Pflanzen und Tiere

gebaut. Nicht Mörtel, Kleber, Säulen oder gar Seile halten diese Brücke, der mächtige Rundbogen wird nur vom Eigengewicht getragen. Es ist das physikalische Prinzip des Rundbogens, das die Römerbrücke so besonders macht.

Das taugt ma

Hier, am Fuß der Brücke, lässt sich ein Tag wunderbar beschließen. Man blickt hinaus ins Tauglgries auf die untergehende Sonne, hinüber zum mächtigen Göllmassiv und sitzt gemütlich auf dem Stein, den vor Stunden der kleine Salamander genutzt hat, um sich an den ersten Sonnenstrahlen des Tages zu wärmen.

Wenn ihm etwas gefällt, dann sagt der Salzburger: »Das taugt mir«. Ob »taugen« von der Taugl kommt oder die Taugl vom »Taugen«, das lässt sich nicht endgültig klären. Möglich wäre beides.

So finden Sie zum Schatz

Kontakt: Tourismusverband Bad Vigaun
Am Dorfplatz 11
5424 Bad Vigaun
Tel. 06245 84116
www.lebensader-taugl.at

Anreise: Auto: Von Hallein oder Golling auf B159, bei Bad Vigaun abbiegen, öffentliche und kostenlose Parkplätze bei der Feuerwehr (vor der Autobahnbrücke) und bei der Neuen Mittelschule. Von dort wenige Minuten über Dorfplatz und Dorfstraße bis zum Eingang in das Natura 2000 Gebiet an der Autobahnunterführung.
Bahn: Bis Hallein S-Bahn Linie 3, von der S-Bahnstation über einen Waldweg und den Trattenweg in ca. 10 Minuten zum Naturschutzgebiet
Bus: ÖBB Bus 170, Postbus 460 oder Stadtverkehr Hallein 42

Fernsehbeitrag zum Nachsehen

Siehe auch S. 176

Rotgüldenseen in Muhr

Märchenhafte Seenzwillinge am Fuße des Großen Hafner

Beide sind in Jahrtausenden entstanden, der eine in seiner natürlichen Form, der andere von Menschenhand verändert: die zwei Rotgüldenseen im hinteren Murtal im Lungau, direkt an der Grenze zu Kärnten. Eine güldene Farbe hat keiner von beiden, der eine schimmert türkis, der andere glitzert tiefblau. Dennoch sind beide ein Naturschauspiel und ein Beispiel dafür, wie behutsam der Mensch die Natur zu seinen Gunsten nutzen kann.

Die Rotgüldenseen gibt es seit Menschengedenken direkt am Fuß des Großen Hafner, des einzigen Dreitausenders im Lungau. Um den Namen ranken sich viele Legenden und Geschichten. So soll ein reicher Gewerke aus Gram über den Tod seiner Tochter sein gesamtes Vermögen, einen riesigen Goldschatz, in einem der Seen versenkt haben. Seither trägt dieser See den Namen Rotgüldensee.

Ist der obere Rotgüldensee, den der Gletscher kreisrund aus dem Fels geschürft hat, in seiner natürlichen Form erhalten, so wurde der untere in den 1950er- und 1980er-Jahren vergrößert und als Stausee ausgebaut, auch wenn man ihn heute kaum noch als solchen wahrnimmt. Beim Bau wurden völlig neue Wege beschritten, die Vegetation des überfluteten Areals wurde vorsichtig abgetragen und behutsam auf der Staumauer wieder angepflanzt, und so wirkt der Stausee heute fast wie eine Kopie des darüber liegenden Natursees. Seit dem Bau dieses Stausees blieb die Gemeinde Muhr auch von den früher so gefürchteten Hochwässern verschont. Drohen große Gewitter mit viel Niederschlag im Hochgebirge, dann wird einfach der Wasserspiegel abgesenkt und der See somit zum Hochwasserschutz für den darunterliegenden Ort umfunktioniert. Auch das angeschlossene und

Ein Stausee und ein Gebirgssee Hand in Hand
in einer atemberaubenden Gebirgslandschaft,
das sind die Rotgüldenseen.

Vom Gipfel aus ist der See nur mit einem genauen Blick zu erspähen.

dazugehörige Kraftwerk wurde ins Tal integriert und als Kavernenkraftwerk errichtet. Eine kleine Tür ist alles, was man von außen sieht. Öffnet man sie, tut sich das Krafthaus auf, in dem eine Pelton- und eine Pumpturbine aus Wasserkraft erneuerbare Energie erzeugen. Wenn die Stadt Salzburger in der Früh das Radio und die Kaffeemaschine einschalten, dann tun sie das, ohne es zu wissen, mit Strom aus dem Rotgüldensee.

Ein Stück Bergbaugeschichte

500 Jahre lang wurden hier Gold und Arsen abgebaut, Letzteres war ein sehr gefährliches und ungesundes Unterfangen. Das Produkt aber, Arsenik, war vor allem im Mittelalter sehr begehrt und fand seinen Weg bis nach Venedig, vorwiegend für die Erzeugung von Glas und Arzneimitteln. Mit Arsenik konnte man zum einen trefflich Menschen vergiften, man konnte es aber auch zu Heilzwecken verwenden oder als Aufputschmittel für Mensch und Tier. So wurde dem Lungauer Arsenik in geringen Dosen gar wundersame Wirkung nachgesagt, die Potenz der jungen Kavaliere betreffend. Es wurde aber auch lahmen Ackergäulen verabreicht, um vor einem Verkauf feurige Hengste aus ihnen zu machen. Arsenik war des Rosstäuschers liebstes Pulver. Und immer wieder bewahrheitet sich damit eine Regel, die schon im 16. Jahrhundert der Salzburger Arzt und Gelehrte Paracelsus niedergeschrieben hat: Die Dosis macht das Gift.

Von den einstigen zahlreichen Bauten für den Bergbau stehen nur noch einige wenige – als stumme Zeugen einer Zeit, die der Region Wohlstand, aber auch viel Leid und Schmerz gebracht hat. Es lohnt sich dennoch, auf dem Weg hinauf zu den Rotgüldenseen den Spuren des Arsenbergbaus Beachtung zu schenken.

Dieser Weg ist zudem gesäumt von botanischen Besonderheiten. Akeleien blühen hier und hoher Rittersporn, der Geruch von wildem Majoran zieht herein über den Weg. Am Rand des leichten und gut angelegten Pfades wachsen verschiedenste Orchideen. Und als wäre das nicht Naturschauspiel genug, stürzt kurz vor den Seen ein Wasserfall Hunderte

Fernsehbeitrag zum Nachsehen

Siehe auch S.176

So finden Sie zum Schatz

Kontakt: Nationalpark-gemeinde Muhr
Muhr 5, 5583 Muhr
Tel. 06479 218
www.muhr-tourismus.at

Anreise: Auto: A10 Abfahrt St. Michael im Lungau, B96 über die Ortschaft Muhr ins hintere Murtal bis zum Parkplatz Arsenhaus (unbewirtschaftet)
Bahn/Bus: Bis St. Michael mit der Bahn, dann weiter mit dem Postbus bis zum Arsenparkplatz

Höhenmeter kaskadenartig vom Berg hinunter ins Tal. Viele Wanderer und auch Mountainbiker halten inne ob dieses Anblicks, wenn man meint, dass die Zeit still steht und die Natur den Besuchern zeigt, was groß und was klein ist. Und über alldem thront der Hafner, dieser beeindruckende schwere Berg, der herunterzuschauen scheint auf seine Rotgüldenseen und seine Muhrer.

Wenn beim Sonnenuntergang die Farben warm und weich werden und die Stille sich an diesem magischen Platz ausbreitet, dann spürt man, dass Mensch und Natur sehr wohl in Einklang leben können, wenn sie nur respektvoll miteinander umgehen.

»Landschaften und Orte berühren und prägen die Seele des Menschen. Vertraute Plätze bleiben für das ganze Leben eine Art Schatzkiste der geheimen Empfindungen.«

Johannes Silberschneider

»Moderne Städte, verträumte Dörfer, liebenswerte Menschen und viele – auch noch verborgene – Schätze: Es ist einfach schön, in der Steiermark daheim zu sein.«

Franz Neger

STEIERMARK

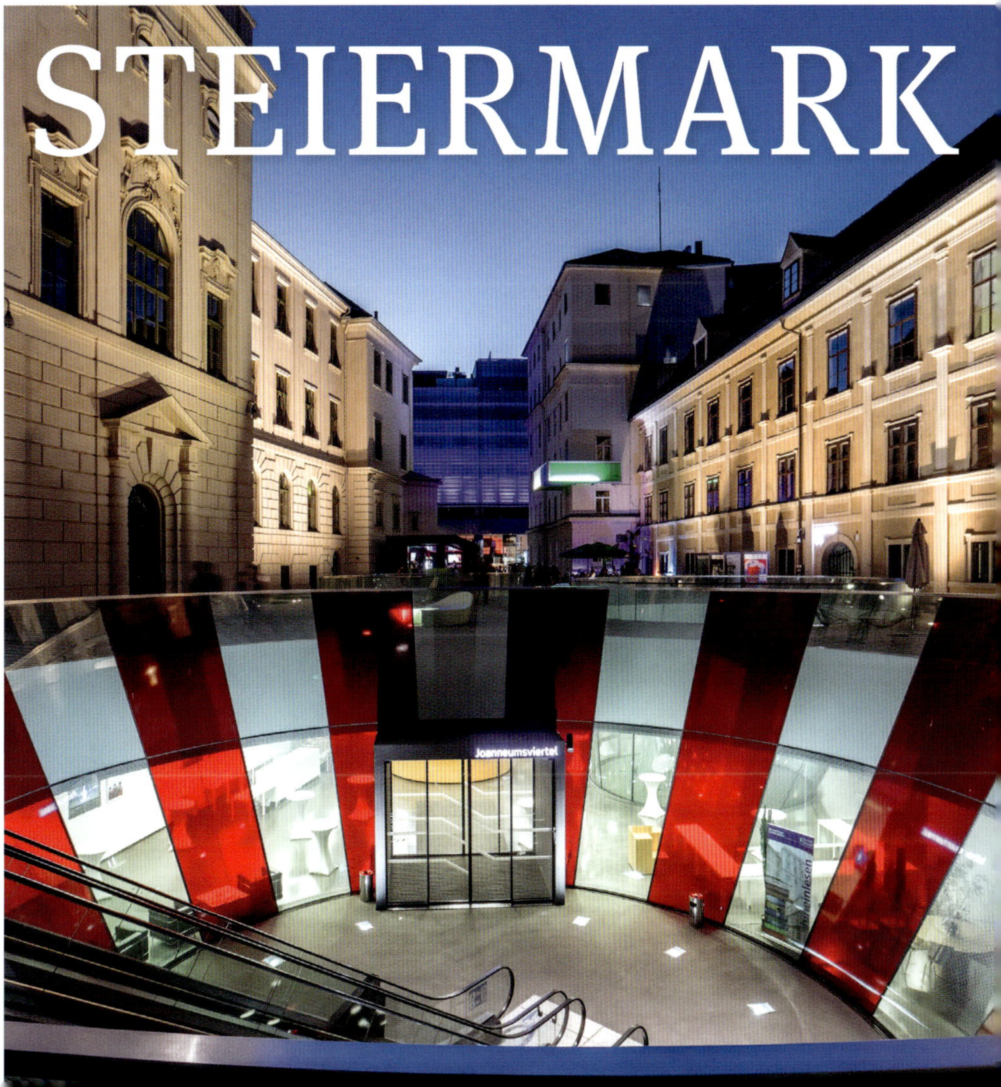

Dampfzug Murtalbahn

Eine nostaglische Fahrt von Murau nach Tamsweg

Ein lautes Pfeifen, ein Pfauchen und Dampfen von der alten Lokomotive und langsam beginnen sich die Räder zu drehen: Wir sitzen im Dampfzug der Murtalbahn. Von der malerischen obersteirischen Bezirkshauptstadt Murau aus brechen wir auf zu einer nostalgischen Reise in historischen Waggons nach Tamsweg im Nachbarbundesland Salzburg.

Es ist, als ob man für ein paar Stunden eintauchen könnte in eine längst vergangene Zeit: Hat man einmal Platz genommen in den liebevoll gepflegten alten Waggons, bleibt alle Hektik des Alltags draußen. Gemächlich setzt sich die alte Dampflok in Bewegung. Kaum hat man mit dem Dampfzug den Bahnhof der 3700 Einwohner zählenden Bezirkshauptstadt Murau verlassen, ist man schon mitten im Grünen. Die Fahrt führt entlang von Wiesen, Weiden und Feldern, und immer wieder ist die Mur zu sehen: der größte Fluss der Steiermark, der im Salzburger Lungau entspringt. Hier ist die Mur noch nicht so mächtig wie in ihrem Unterlauf, das Wasser ist glasklar.

Der Dampfzug hält auf dem 37 Kilometer langen Weg nach Tamsweg zweimal an: in St. Lorenzen ob Murau und in Stadl an der Mur. Knapp eindreiviertel Stunden dauert die Fahrt in den historischen Waggons, in denen schon allerhöchste Gäste gesessen haben sollen. So sei einst sogar Kaiser Franz Joseph in diesen Waggons zur Gämsenjagd nach Murau angereist, erzählt man sich in der Gegend. Der damalige Salonwagen des Kaisers ist heute

Nicht das möglichst schnelle Ankommen ist das Ziel, sondern die Fahrt durch das landschaftlich besonders reizvolle Obere Murtal.

In Nostalgie schwelgen oder sogar selbst Lokführer sein.

als leuchtend rote »Murtalbar« im Einsatz und steht den Fahrgästen als Buffetwagen zur Verfügung.
Angekommen in Tamsweg in Salzburg, hat man gut eineinhalb Stunden Zeit, sich in diesem Bezirkshauptort des Lungaus umzusehen, dann geht's mit der Nostalgiebahn wieder zurück in die Steiermark nach Murau.

Die Murtalbahn hat eine lange Tradition

Schon 1888 haben sich die ersten Interessenten um eine Konzession für eine Schmalspurbahn in der Region beworben. Der Steiermärkische Landtag beschloss schließlich, die Murtalbahn aus Kostengründen als Schmalspurbahn bauen zu lassen. Die Regierung in Wien bestand auf einer Spurweite von 760 Millimetern – der sogenannten »bosnischen Spurweite«. 1894 war die 76 Kilometer lange Bahnstrecke von Unzmarkt nach Mauterndorf fertiggestellt. Im Bahnbetrieb kam für damalige Verhältnisse modernste Technik zum Einsatz: Auf der Murtalbahn wurden schon vor 1900 Telefonapparate zur Verständigung zwischen den Bahnhöfen und den Zügen eingesetzt – erstmals in Österreich. Im Lauf der Jahre wurde die Bahn vor allem von Fremdenverkehrsgästen immer stärker genutzt, aber auch beim Güterverkehr der Bahn gab es starke Zuwächse. In den Jahren 1964 bis 1967 wurden die ersten dieselelektrischen Triebfahrzeuge angeschafft. Eisenbahnliebhaber setzten sich aber weiter für die Dampflokomotiven ein, und so gab es 1968 erstmals Dampfbummelzüge. Seit 1969 sind sie fester Bestandteil des Fahrplanes der Murtalbahn. In diesem Jahr wurde auch die Idee geboren, den Gästen die Möglichkeit zu bieten, einmal selbst eine Dampflokomotive zu führen. Und diese Möglichkeit gibt es bis heute.
Fahrplanmäßig fährt der Dampfzug der Murtalbahn derzeit von Juni bis September jeweils an Dienstagen und Donnerstagen. Es können aber auch Sonderzüge und Sonderfahrten gebucht werden.
Gern angenommen wird auch das Angebot, mit dem Dampfzug gratis das Fahrrad mitzunehmen (E-Bikes gegen Aufpreis). So fahren viele mit der

Fernsehbeitrag zum Nachsehen

Siehe auch S.176

So finden Sie zum Schatz

Kontakt: Murtalbahn Dampfzug
Bahnhofviertel 4a
8850 Murau
Tel. 03532 2233
www.stlb.at

Anreise: Auto: Ab Graz S36, Abfahrt Judenburg, weiter auf der B317 bis Scheifling, dann B96 bis Murau; ab Klagenfurt B317 bis Neumarkt, weiter nach Stadlob und Teifenbach, dann B96 bis Murau; ab Salzburg A10 bis Tauernstraße, dann B99 und B97 bis Murau
Bahn: bis Bahnhof Murau

Nostalgiebahn von Murau nach Tamsweg und radeln dann auf dem Murradweg wieder zurück in die Steiermark.

Für alle, die sich noch genauer über die Geschichte der Murtalbahn und des Dampfzugs informieren möchten, gibt es ein eigenes Schmalspurmuseum in der Region. Der sogenannte Club 760, der »Verein der Freunde der Murtalbahn«, hat im Bahnhof Frojach-Katschtal in der Fahrzeughalle dieses Museum errichtet.

Über die Weiterführung der Schmalspurbahn gibt es seit einigen Jahren Diskussionen: Die Steiermärkischen Landesbahnen wünschen sich eine Modernisierung. Im Gespräch ist auch eine Umwandlung in eine Normalspur und damit eine bessere Anbindung an bestehende andere Bahnnetze. Der Dampfzug soll aber auf alle Fälle erhalten bleiben.

Ödensee

Ein Naturerlebnis im steirischen Salzkammergut

Er liegt abseits der Dörfer und Orte im Salzkammergut: der Ödensee in Bad Mitterndorf, (noch) ein Geheimtipp für alle, die Ruhe und Erholung inmitten nahezu unberührter Natur suchen. Mit seiner vorgelagerten Moorlandschaft ist er ein außergewöhnlicher Badesee in einem Naturschutzgebiet – er ist aber noch viel mehr ...

Das reine Wasser im See, die Bäume ringsum, die Ausläufer des gewaltigen Dachsteinmassivs: Das ist die romantische Naturkulisse, die sich dem Besucher am Ödensee bietet. Der Ödensee, auf 776 Metern Seehöhe gelegen, ist ein Waldmoorsee und gehört mit seiner Fläche von 20 Hektar zu den kleineren Naturseen im Salzkammergut. Das Wasser fließt ausschließlich unterirdisch zu: Der See wird von Schmelzwasser und Quellen aus dem Kemetgebirge gespeist.

Im Hochsommer ist er als Badesee überaus beliebt. Ein Sprung ins kühle Nass bringt an heißen Tagen garantiert die gewünschte Abkühlung – die Wassertemperaturen liegen im Juli und August bei bis zu 22 Grad.

Ein ganz besonderes Erlebnis ist auch eine Wanderung rund um den See. Der eineinhalb Kilometer lange Rundweg ist vor allem bei Familien mit kleinen Kindern sehr beliebt. Er ist auch mit Kinderwagen oder Rollstuhl leicht zu schaffen.

Wer länger unterwegs sein möchte, kann eine der sogenannten Naturerlebniswanderungen in der Region unternehmen. Wanderungen, die jeweils einem besonderen Thema gewidmet sind. So erfährt man zum Beispiel auf einem der Wege alles über die Geschichte des Torfstichs in

Die Gegend um den Ödensee
ist ein europaweit bedeutendes
Naturschutzgebiet.

der Region. Schon im 18. Jahrhundert wurde im sogenannten Kainischmoos Torf für die Beheizung der Sudhütten in den Salinen Bad Aussee abgebaut. Über Generationen prägte der Torfabbau die Region und verschaffte der Bevölkerung Arbeit. Ein Torfarbeiter stach im Kainischmoos durchschnittlich 2500 Ziegel pro Tag. Der Verfall des Kohlepreises Mitte der 1920er-Jahre war einer der Gründe für den Rückgang und das Ende des Torfabbaus. Die Flächen entwickelten sich wieder zu ökologisch wertvollen Übergangsmooren. Heute ist das Kainischmoos im Besitz der Naturschutzjugend. Zusammen mit den angrenzenden Moorbereichen und dem Ödensee ist es als Naturschutzgebiet von europaweiter Bedeutung ausgewiesen worden (»Natura 2000«).

Naturwunder für kleine und große Entdecker

Besonders sehenswert ist auch das Hochmoor, eine wichtige Ausgleichsfläche für den Wasserhaushalt. Für Fotografen bieten sich hier einzigartige, oft bizarr anmutende Motive. Wer sich für Klima- und Pflanzengeschichte interessiert, findet hier ein weites Forschungs- und Betätigungsfeld: Das Hochmoor beherbergt zahlreiche seltene Tier- und Pflanzenarten, zum Beispiel Sonnentau, Wollgras oder Fieberklee.

Eine andere Naturerlebniswanderung führt zu den sogenannten Karstquellen Strumern. Wenn auf dem Dachstein der Schnee schmilzt oder wenn es lange Zeit intensiv geregnet hat, dann entspringen diese Quellen wie aus dem Nichts und werden zu kleinen Bächen. Ist dieses Naturschauspiel vorbei, versiegen die Quellen, die Bäche trocknen wieder aus und werden bemoost.

Geht man dem Erlebnisweg von den Strumern weiter, kommt man zur Aulacke. Anfang Mai ist sie ein besonders begehrtes Wanderziel, denn um diese Zeit laichen hier Tausende Frösche.

Nicht nur Kinder freuen sich auf die letzte Station dieser Naturerlebnis-Wanderroute: nach etwa einer Stunde Gehzeit erreicht man den Streichelzoo Stieger mit Hasen, Meerschweinchen, Ziegen und vielen anderen Tieren.

Wer Tiere liebt, sollte auf alle Fälle auch den sogenannten Altarm Riedelbach besuchen, zu dem eine weitere Wanderroute führt. Dort ist ein idealer Laichplatz für Fische, im Unterholz nisten unzählige Vögel.

Ein Paradies für Petri-Jünger

Der Ödensee ist auch ein Paradies für Anglerfreunde. Der Fischbestand ist groß und spiegelt einen Artenreichtum, der sonst selten zu finden ist: See- und Bachforellen leben hier ebenso wie Saiblinge, Hechte, Weißfische und Karpfen. Besonders gepflegt werden der Artenbestand und die Fischvielfalt in der Fischzucht Kainisch, die von den Österreichischen Bundesforsten betrieben wird. Auch zu dieser Fischzucht führt ein eigener Naturerlebnis-Wanderweg.
Zum Freizeitangebot rund um den Ödensee gehören noch zahlreiche Lauf- und Nordic-Walking-Strecken, ein eigener Reitweg durch die malerische Landschaft und im Winter eine Langlaufloipe.

So finden Sie zum Schatz

Kontakt: Naturerlebnis Ödensee
Pichl-Kainisch
8984 Bad Mitterndorf
Tel. 0664 2762794
www.naturerlebnis-oedensee.at

Anreise: Auto: A9 Ausfahrt Radstadt/Liezen/Schladming, weiter auf der B320 Salzkammergut Straße bis Pichl-Kainisch, dann weiter B145, kurz vor dem Steiner-Wirt zweigt die Ödenstraße zum See ab (Hinweisschildern folgen).
Bahn/Bus: Bis Stainach-Irdning, von dort mit dem Bus weiter nach Pichl-Kainisch

Fernsehbeitrag zum Nachsehen

Siehe auch S. 176

Die ursprüngliche See- und Flusslandschaft ist ein Eldorado für Botaniker und Biologen.

Rassach

Ein Straßendorf (fast) wie anno dazumal

Bauernhäuser, die 200 Jahre alt sind. Liebevoll restaurierte Kapellen und Bildstöcke. Kein Gebäude ohne besonderen Blumenschmuck und viele Schätze aus bäuerlichem Klein- und Kunsthandwerk: das alles macht das Dorf Rassach in der Weststeiermark so besonders. Und das, obwohl es an einer stark befahrenen Durchzugsstraße liegt.

Steht man in Rassach vor einem der alten, typisch weststeirischen Bauernhäuser, bekommt man den Eindruck, hier sei die Zeit stehen geblieben. Wie anno dazumal prägen die spitzen Giebel und kleinen Fenster die Gebäude, ein schmuckes Haus reiht sich an das andere, kein hochmoderner Bau stört das geschlossene und gepflegte Ortsbild.

Mitten durch den Ort führt die Radlpassstraße. Mehr als 13.000 Fahrzeuge sind hier täglich unterwegs, doch die Rassacher stört das nicht, im Gegenteil: Sie wissen die Vorteile eines Straßendorfs zu schätzen. Bäuerliche Selbst- und Direktvermarkter profitieren vom Durchzugsverkehr ebenso wie viele, die Kunsthandwerk vertreiben.

Auf den ersten Blick wirkt Rassach für viele Besucher verträumt. Das ist das Dorf bestimmt, doch Rassach ist auch vital wie nur wenige andere Straßendörfer im Land. Tradition wird hier gelebt und zugleich auch weiterentwickelt. Zum Beispiel beim Kunsthandwerk: Mehrere Betriebe bieten einzigartige Exponate an. Produktions- und Verkaufsstätte sind meist adaptierte und umgestaltete ehemalige Stallgebäude. Auf viele Künstler übt Rassach eine magische Anziehung an – einige lassen sich zur Inspiration auch länger im Dorf nieder.

Rassach liegt auf einer Hügelkuppe
in der Schilchergemeinde Stainz.

Aus der Not eine Tugend gemacht: Reisenden wird hier die einzigartige Möglichkeit des »Park + Pray« angeboten.

Zu den besonderen Sehenswürdigkeiten des Ortes zählen Kapellen ebenso wie mit viel Liebe und Gespür renovierte Bildstöcke. Die 1906 gebaute Dorfkapelle etwa, die als einfache Landkirche im deutschen Renaissance-Stil gestaltet worden ist, oder die »Marxenkapelle«. Sie wurde Ende des 19. Jahrhunderts errichtet und im Jahr 2000 von den Besitzern und der Dorfgemeinschaft der Gemeinde übergeben. 2014 wurde die Kapelle umgebaut und hat seither einen neuen Namen und eine neue Funktion: Sie ist die erste sogenannte Park + Pray-Kapelle in der Steiermark. Durchreisende werden dazu eingeladen, ihr Fahrzeug kurz abzustellen und innezuhalten. Neben einer breiten, siebenstufigen Steintreppe gibt es auch einen barrierefreien Zugang zur Kapelle.

Ein Ort mit jahrhundertealter Tradition

Die Geschichte von Rassach reicht bis in die Römerzeit zurück. 37 Hügelgräber belegen diese frühe Besiedelung. In der Zeit der Völkerwanderung siedelten sich Slawen an, schon aus dieser Zeit könnte auch der Name des Dorfes stammen. Für das heutige Ortsbild entscheidend ist ein späteres tragisches Ereignis: Im Jahr 1752 gab es einen Großbrand in Rassach, fast alle Gebäude fielen damals den Flammen zum Opfer. Die Häuser wurden danach mit großzügiger Unterstützung aus dem damaligen Stift Stainz neu gebaut – einheitlich im Stil der Zeit. Die meisten Gebäude im heutigen Ortskern von Rassach stammen aus dieser Zeit: ein Teil aus Holz, ein Teil mit Ziegeln errichtet, viele Stallgebäude und Stadel mit kunstvollen Ziegelornamenten.

Von Rassach aus lassen sich auch wunderbare Ausflüge in die Umgebung machen. Nur ein paar Minuten sind es von hier bis nach Herbersdorf, wo eine der kleinsten und ältesten Mühlen der Steiermark zu besichtigen ist. Gegen Voranmeldung kann man hier zusehen, wie aus Kürbiskernen das »Grüne Gold« der Steiermark, das Kernöl, gemahlen, geknetet, geröstet und schließlich gepresst wird. Und zwar so, wie es schon vor Generationen gemacht wurde, denn die Ölmühle Herbersdorf ist eine der wenigen noch

Fernsehbeitrag zum Nachsehen

Siehe auch S. 176

So finden Sie zum Schatz

Kontakt: Tourismusverband Stainz Schilcherland
Rathausplatz 4
8510 Stainz
Tel. 03463 45180
www.schilcherland.at

Anreise: Auto: A2 Abfahrt Lieboch, weiter auf der B76 bis Rassach
Bus: Ab Graz Regionalbus 760 der Verbundlinie nach Rassach

vollständig erhaltenen Betriebe, in denen das steirische Kernöl in althergebrachter traditioneller Weise hergestellt wird.

Der Besuch der Ölmühle könnte auch zu einer interessanten Radtour durch die Region inspirieren. Der sogenannte Ölspur-Radweg führt bis zu 90 Kilometer weit durch die äußerst reizvolle Natur- und Kulturlandschaft der Weststeiermark. Dabei radelt man auch durch die berühmte Schilcherregion, und damit natürlich auch durch die Gemeinde Stainz, zu der Rassach, als »Herz der Schilcherregion«, seit einer Gemeindestrukturreform im Jahr 2015 gehört.

»Tirol bedeutet für mich: Geburt, Bauernhof, Schule, erster Kuss, Kaspressknödel, erstes Theaterspielen. Wenn ich zurückkomme: Heimat, Berge, geliebte Menschen, Erinnerungen!«

Katharina Straßer

…Tirol ist für mich einer der …chönsten Orte, an dem …an leben kann. Mitten in …er Natur fühle ich mich …m wohlsten. Die Tiroler …andschaften sind einfach …nglaublich.«

…atharina Kramer

Gaistal – Seebensee

Tiroler Bergriesen, glasklare Bergseen, saftige Almwiesen

Das Gaistal ist geprägt von nahezu unberührter Natur mit einer atemberaubenden Berg- und Wiesenkulisse. Mountainbiker und Wanderer sind gleichermaßen begeistert von diesem Naturjuwel. Und auch für das leibliche Wohl ist im Gaistal bestens gesorgt. Zahlreiche Almen laden zum Verweilen ein. Der hungrige Gast kann sich auf Tiroler Hausmannskost freuen.

Wer das kleine Tal erkunden will, der hat zwei Möglichkeiten, dorthin zu kommen. Man kann von der Leutasch aus starten, dort im Ortsteil Obern abzweigen, und schon ist man drin im Gaistal. Wer von der anderen Seite – vom Außerfern – kommt, der startet ungefähr fünf Kilometer östlich von Ehrwald in das Tal.

Das Gaistal verbindet drei Tiroler Bezirke – nämlich den Bezirk Reutte, den Bezirk Imst und den Bezirk Innsbruck-Land.

Das Gaistal ist für den Autoverkehr gesperrt. Auf beiden Seiten wird es von Bergen mit bekannten Namen flankiert, zum Beispiel von der Hohen Munde, vom Hochwanner, vom Predigstuhl oder auch von der Ehrwalder Sonnenspitze. Sowohl Wanderer als auch Radfahrer kommen im Gaistal auf ihre Rechnung, schließlich befinden sie sich dort in einem Almenparadies. Insgesamt kann man zwölf Almen, Hochalmen und Schutzhütten im Gaistal besuchen, z. B. die Hämmermoosalm, die Gaistalalm und die Tillfussalm. Sportler finden also einige Einkehrmöglichkeit, um sich für weitere Herausforderungen zu stärken.

Einer der prominentesten Gaistaler war Ludwig Ganghofer. Er galt als der meistgelesene und meistverfilmte deutschsprachige Schriftsteller seiner Zeit. Der Autor, der vor allem mit seinen

Das Tal liegt zwischen dem
Wettersteingebirge im Norden
und der Mieminger Kette im Süden.

Aussichtsreiches und genussvolles Wandergebiet für jedes Können.

Heimatromanen bekannt geworden ist, verbrachte fast 20 Jahre seines Lebens in seinem Jagdhaus »Hubertus« im Gaistal. Dort schrieb er viele seiner Bücher, darunter auch sein bekanntestes Werk, »Das Schweigen im Walde«. Sein Jagdhaus war um 1900 ein beliebter Treffpunkt der Künstlerprominenz. Ganghofers Frau Kathinka war selbst Schauspielerin und Sängerin in Wien und als großartige Gastgeberin bekannt. Das Gästebuch der beiden Ganghofers liest sich wie ein »Who is Who« aus jener Zeit. Johannes Brahms, Johann Strauß Sohn, Rainer Maria Rilke, Ludwig Thoma, Gerhart Hauptmann, Thomas Mann und sogar Kaiser Wilhelm II. gingen bei Ludwig und Kathinka Ganghofer ein und aus. Mitunter war das ganze Burgtheater-Ensemble zu Gast. Für die prominenten Zeitgenossen des Ehepaares war es eine Ehre, im Jagdhaus eingeladen zu werden. Es wurde so manches rauschende und feucht-fröhliche Fest gefeiert.

Inspirierendes Jagdgebiet für Bestseller-Autor

Ganghofer hat in »seinem« Gaistal aber nicht nur geschrieben und gefeiert, 1896 pachtete er dort auch eine Hochwildjagd mit einer Fläche von mehr als 20.000 Hektar, für die er bis 1918 verantwortlich war. In seinem Buch »Das Schweigen im Walde« schilderte Ganghofer die landschaftlichen Reize des Gaistals:

Zu Füßen der Straße zog sich ein schmales Hochtal mit fast ebener Sohle bis in weite Ferne, kaum merklich gewunden, eine einzige große Linie, gezeichnet von der weit ausholenden Hand des Schöpfers. Durch das lange Tal hin schlängelt sich die Gaistaler Ache, in eng gedrängtem Bette aus- und einbiegend um vorspringende Felsen und Waldecken, bald grünlich schimmernd bei ruhigem Gefäll, bald wieder blitzend in der Sonne und zersprudelt zu weißem Schaum. Das ganze Tal entlang reiht sich zur Linken ein Felskoloss an den anderen; neben der ungestüm aufstrebenden Munde erhebt sich die wuchtige Hochwand, hinter dem klobigen Igelstein drängt sich der steile Tejakopf hervor, und den wirkungsvollen Abschluss bildet die Sonnenspitze mit ihrer schlanken, auf breitem Sockel ruhenden Pyramide.

Fernsehbeitrag zum Nachsehen

Siehe auch S. 176

So finden Sie zum Schatz

Kontakt: Gemeinde Leutasch
Kirchplatzl 128a
6105 Leutasch
Tel. 05214 6205
www.leutasch.at
www.seefeld.com
www.zugspitzarena.com

Anreise: Auto: Ab Innsbruck A12 Ausfahrt Seefeld/Garmisch über Seefeld nach Leutasch zum Ortsteil Klamm. Weiter in das Gaistal bis zum Parkplatz »Salzbach«. Bahn: Leutasch-Weidach oder Ehrwald Zugspitzbahn Bahnhof

Jahrhundertelang lebten die Leutascher von der Land- und Forstwirtschaft und der Jagd. Nicht nur Ludwig Ganghofer, auch Kaiser Maximilian erlegte dort schon Hirsche. Leutasch war lange die »Holzkammer« von Innsbruck und Hall. Anfang des 19. Jahrhunderts waren im Gaistal Sommer für Sommer 200 bis 300 Holzknechte beschäftigt, die riesige Mengen Holz schlägerten. Trotzdem erklären uns die Einheimischen, der Name Gaistal kommt vom Ausdruck »Das geizige Tal«. Geizig, weil das Gaistal wenig hergab, heißt es heute noch.

Wunderschön ist die Blumenpracht im Tal. Im Rahmen des Bergfrühlings werden Wanderungen angeboten. Enzian, Mehlprimeln, Trollblumen und Co. lassen das Herz jedes Blumenfreundes höher schlagen. Man kann auch einiges über die Kräuter im Gaistal lernen.

Kaiserklamm

Die beeindruckende Schluchtenlandschaft lockt auch Abenteurer an

Das Naturschutzgebiet Kaisertal gilt als eines der beliebtesten Wanderziele Tirols. Über den sogenannten Kaiseraufstieg kommt man in das kleine Tal. Knapp dreihundert Stufen wandert man hinauf. Drei Stunden geht es dann zurück bis ans Talende zum Anton-Karg-Haus in Hinterbärenbad. Immer wieder hat man dabei traumhafte Ausblicke auf die umliegende Bergwelt. Das Kaisertal ist bekannt für seine Flora und Fauna. Man findet dort zum Beispiel traumhaft schöne Orchideen.

Bei Kramsach im Tiroler Unterland biegt die Straße Richtung Kaiserklamm ab. Man fährt die Brandenberger Ache entlang, bis man das Kaiserhaus erreicht. Das Gebäude ist bereits mehr als 500 Jahre alt und beherbergt jetzt ein Gasthaus. Kaiser Franz Joseph schlief dort in einem kleinen Zimmer im zweiten Stock. Angeblich besuchte ihn dort auch einmal seine Sisi. Dafür gibt es zwar keinen Beweis, Spuren hat der hohe Besuch aber hinterlassen. Fotos des Kaiserpaares sind im Schlafzimmer zu finden. Und die beiden Schweine, die beim Kaiserhaus leben, heißen Franzl und Sisi.

Eine kulinarische Spezialität des Gasthauses Kaiserhaus ist die Brandenberger Prügeltorte. Diese Köstlichkeit wird schon seit vielen Generationen von den Bäuerinnen zu besonderen Gelegenheiten gebacken. Aus Eiern, Butter, Zucker und Mehl wird ein sogenannter Eischwerteig zubereitet. Das heißt, jede Zutat wiegt genauso viel wie die Eier. Dann wird der Prügel, eine konische, mit Pergament umwickelte Holzwalze, auf einen Spieß mit Kurbel gesteckt. Durch ständiges Drehen des eher festen Teiges tropft dieser Schicht für Schicht auf die Walze und wird über offenem Feuer goldbraun gebacken. Am besten macht man das zu zweit, einer dreht gefühlvoll und der andere beträufelt gleichmäßig. Mehr als eine Stunde dauert dieser Vorgang, am Ende bekommt die Prügeltorte eine schöne braune Oberfläche mit den charakteristischen Spitzen.

Nicht weit vom Kaiserhaus

Vom Kaiserhaus führt ein kurzer Forstweg zum Eingang der Klamm. Von dort folgt man einem schmalen, felsigen, aber gut gesicherten Weg einen Kilometer durch die enge Schlucht der Kaiserklamm und passiert dabei einige Brücken und Steintunnel. Immer wieder hat man einen großartigen Ausblick auf die Brandenberger Ache. Die Wassermassen tosen bis zu einer Brücke. Anschließend wird es wieder ruhiger, die Ache wird breiter und die Landschaft lieblicher.

Man kann die Klamm auch mit einem Kajak erobern. Da ist man sehr rasant unterwegs und muss sein Kanu gut unter Kontrolle haben. Etwas gemütlicher geht es beim Wildwasserschwimmen zu. Dafür wird man in einen Neoprenanzug verpackt, springt von einem Felsen in die Tiefe und lässt sich vom Wasser mittreiben.

Auch Hobbybiologen kommen im Brandenbergtal auf ihre Rechnung. Eine Studie der Österreichischen Bundesforste belegt, dass sich dort mehr als 800 Schmetterlingsarten tummeln. Die zarten Geschöpfe schätzen offenbar die hohe Qualität der Luft und das gesunde Ökosystem. Diese Schmetterlingsvielfalt gilt als einzigartig in Europa.

Die Kaiserklamm hat eine lange Geschichte hinter sich. Früher wurden dort Holzstämme ins Tal getriftet. Die älteste Erwähnung der Trift stammt aus dem Jahr 1412. Mit den Wassermassen polterten tonnenschwere Holzstämme die Klamm hinunter. Noch heute erzählt man sich, dass dabei viele Männer für wenig Geld ihr Leben riskierten. Das Triften war alles andere als einfach. Zuerst mussten die Arbeiter die Bäume im steilen und unwegsamen Gelände fällen, entasten und auf maximal vier Meter lange Blöcke zuschneiden. Diese wurden dann mit Schlitten weiterbefördert, und ab ging es ins tobende Wasser. Bei den Holzarbeitern waren Verletzungen an

Ob man wegen der Prügeltorte oder wegen der Wassersportmöglichkeiten kommt, für jeden gibt es etwas Besonderes zu entdecken.

Das aufgewühlte Gewässer der Brandenberger Ache ist ein Paradies für Wildwassersportler.

der Tagesordnung: Eine kleine Unachtsamkeit konnte bereits lebensgefährlich werden.

Enorme Holzmengen wurden so von der Erzherzog-Johann-Klause bis nach Kramsach getriftet. Diese Holztrift war eine der größten Triften Mitteleuropas. Entlang der Ache gibt es nach wie vor die gut ausgebauten Trift-Steige, die heute von Wanderern benutzt werden. Im Jahr 1966 wurde die Holztrift eingestellt. Zeitzeugen erinnern sich wehmütig daran. Wer sich einmal dem Holz verschrieben hat, den lässt diese Faszination nicht mehr los. Mit ein bisschen Fantasie kann man sich das als Besucher gut vorstellen.

In der Klamm und auch beim Kaiserhaus ist man übrigens ziemlich abgeschieden. Handyempfang gibt es dort keinen. An starken Regentagen sowie von November bis April ist die Klamm aus Sicherheitsgründen gesperrt.

So finden Sie zum Schatz

Kontakt: Alpbachtal Seenland Tourismus
Zentrum 1, 6233 Kramsach
Tel. 05337 21200
www.alpbachtal.at
Gasthaus Kaiserhaus
Aschau 81
6234 Brandenberg
Tel. 05331 5271
www.kaiserhaus.eu

Anreise: Auto: A12 Ausfahrt Brixlegg/Kramsach, rechts über den Inn in die Ortschaft Kramsach, Beschilderung »Kaiserklamm/Tiefenbachklamm« folgen
Bahn: Nach Brixlegg, weiter mit dem Bus zur Haltestelle Brandenberg-Kaiserhaus

Fernsehbeitrag zum Nachsehen

Siehe auch S. 176

Ober- und Unterstalleralm

Malerische Almhütten und viel Ruhe in Osttirol

Blühende Almwiesen, beeindruckende Berggipfel und urige Almhütten findet man am Ende des idyllischen Villgratentals in Osttirol. Die Holzhütten gehören zur Unter- und Oberstalleralm und sind zum Teil sogar denkmalgeschützt. Irgendwie fühlt man sich hier dem Himmel nah. Man ist weit weg von Stress und Hektik und kann traumhafte Wanderungen unternehmen.

Das Villgratental ist ein Seitental des Osttiroler Pustertals. Es zählt zu den ursprünglichsten Natur- und Kulturlandschaften in den Alpen. Man setzt dort auf die jahrhundertealten Wurzeln und Traditionen. »Ruhig bleiben!« ist sozusagen der Leitfaden der Region. Das Villgratental hat keine Skischaukel. Keiner der Gasthöfe und keines der Hotels dort hat mehr als fünfzig Betten. Für Massentourismus gibt es keinen Platz. Groß geschrieben werden die bergbäuerliche Landwirtschaft und Produkte aus der Region. Die Villgratner gelten als findiges und genügsames Völkchen. »Ein bisschen stur sind wir schon«, sagen sie von sich. »Ins fahlt nicht« (uns fehlt es an nichts), sind die Villgratner überzeugt. Mit seinem bäuerlichen und ländlichen Charakter zählen die Ortschaften dort zu den urigsten und schönsten Bergdörfern Tirols. Das Villgratental ist eines der letzten Täler in den Alpen, das man noch weitestgehend unberührt nennen darf.

Vorbei an – im Frühsommer – blühenden rosaroten und gelben Wiesen, geht es durch das hintere Villgratental bis zur Unterstalleralm. Ein Südtiroler Paar hat die kleine Alm gepachtet und verwöhnt mit kulinarischen Köstlichkeiten seine Gäste. Rund um die Alm grasen Kühe und genießen ihr Leben in der heilen Bergwelt. Die

Die Almhütten sind ein Teil der insgesamt 31 denkmalgeschützten Objekte der Gemeinde.

Im Arntal trifft man exotische Bewohner: Das Zebu ist ein Buckelwild, das ursprünglich aus Sri Lanka stammt.

Almhütten befinden sich verstreut rundherum. Über einen kurvigen Fahrweg durch das Stallertal erreicht man die Oberstalleralm. Sie liegt auf fast 1900 Metern am Arntalbach.
Die sechzehn Almhütten und die kleine Schutzengel-Kapelle stehen unter Denkmalschutz. Der Großteil der Hütten stammt aus dem 19. Jahrhundert, sie wurden im 20. Jahrhundert zum Teil erneuert. Die Hütten schauen alle Richtung Tal, sie haben zwei Stockwerke aus Holz, das Satteldach ist mit Schindeln gedeckt. Früher wurden die Häuser – geschoßweise voneinander getrennt – als Wohnraum oben und zur Unterbringung des Almviehs unten genutzt. Heute sind es überwiegend spartanisch eingerichtete Ferienhäuschen.

Ruhe ist der wahre Luxus

Wer hier Urlaub macht, verzichtet auf Komfort. Er gönnt sich aber den Luxus, das echte, romantische Leben auf einer Alm zu erleben. Strom gibt es keinen, von Handyempfang ganz zu schweigen. Petroleumlampen und Kerzen sorgen für Licht. Gekocht wird auf dem Holzherd, waschen kann man sich im eiskalten Brunnen. Seine Notdurft verrichtet man am Plumpsklo.
Inmitten der urigen Holzhäuser befindet sich die »Almkapelle zu Oberstaller«. Sie wurde 1956 erbaut und dem Patronat der heiligen Schutzengel unterstellt. Grund für den Bau waren die Lawinen und Muren, die die Oberstalleralm mehrfach bedrohten. Im Türmchen in der Kapelle hängen zwei Glöckchen aus der bekannten Innsbrucker Glockengießerei Graßmayr.
Die Oberstalleralm ist rundherum von beeindruckenden Berggipfeln umgeben. Von hier kann man herrliche Bergtouren auf die Weiße Spitze, die Rote Spitze und das Große Degenhorn unternehmen. Eine schöne Wanderung führt zur Kamelisenalm.
Man kann auch gemütlich weiter ins Arntal spazieren. Dort hält einer der Bauern des Villgratentals eine Herde Zebus. Die Alm dieses Landwirts ist besonders steil, sodass das normale Fleckvieh immer wieder abgestürzt ist. Darauf entschloss er sich, zu einer leichteren Rasse zu wechseln. Im

Fernsehbeitrag zum Nachsehen

Siehe auch S. 176

So finden Sie zum Schatz

Kontakt: Gemeinde Innervillgraten
9932 Innervillgraten 78
Tel. 04843 5317-0
www.innervillgraten.at
www.osttirol.com
Anfahrt: Auto: A22 Ausfahrt Brixen durch das Pustertal bis kurz nach Sillian.
Von Lienz B100 nach Sillian; B100 in das Villgratental nach Innervillgraten und bei der folgenden Abzweigung rechts entlang der Straße zur Unterstalleralm;
Bahn: ab Lienz bis Sillian

Frühsommer – Mitte Juni – kommen die kleinen Zebus zur Welt. Zebus gelten als sehr friedlich, genügsam und unkompliziert. »Man darf nur keines der kleinen Zebus wegtragen, da werden die Mütter aggressiv«, lacht der Osttiroler Bauer. Jedes seiner 85 Tiere hat übrigens einen Namen. Die Mütter und die Jungtiere haben dabei immer denselben Anfangsbuchstaben, wie Vanessa und ihr Veilchen zum Beispiel.

Im Sommer wird alles rosarot

Die Einheimischen und auch viele Gäste sagen, im Früh- und Hochsommer ist es auf den Almen am schönsten. Es ist die Zeit der Almrosenblüte. Meistens beginnt die Blütezeit Mitte Juni und dauert bis Ende Juli. Die Berghänge rund um die Almen scheinen dann in kräftiges Pink getaucht zu sein und leuchten förmlich. Doch Achtung: Die Almrose, auch als Alpenrose oder Almrausch bekannt, ist giftig!

»Vorarlberg ist das Land, zu dem mein Herz und mein Verstand eindeutig ›ja‹ sagen. Hier leben zu dürfen, empfinde ich als puren Luxus.«

Kerstin Polzer

»Immer wieder bin ich überwältigt davon, welche Naturvielfalt auf engem Raum Vorarlberg bietet – von den mächtigen Hochgebirgen bis zur Weite des Bodensees.«

Reinhard Haller

VORARLBERG

Naturtal Bregenzerach

Wenn sich die Natur ihren Lebensraum zurückerobert

Ruhig und gemächlich, dann wieder wild und schnell – die Bregenzerach zeigt sich wenige Kilometer, bevor sie in den Bodensee mündet, noch einmal in ihrer ganzen Schönheit. Hinter jeder Flussbiegung tut sich ein weiterer schöner Blick auf. Und so ist es neben dem Genuss einer ganz besonderen Landschaft auch die Neugier, die den Besucher weitertreibt.

Die Bregenzerach entspringt im Lechquellengebirge und mündet als Grenze zwischen der Landeshauptstadt Bregenz und der Marktgemeinde Hard in den Bodensee. Die Ach entwässert mit einigen Zuflüssen einen großen Teil des Bregenzerwaldes. Zwischen Doren und Kennelbach haben es Naturliebhaber mit einer einmaligen, äußerst romantischen und imposanten Wildflussstrecke zu tun. Das Auge kann sich fast nicht sattsehen an dem Anblick, wie sich das Wasser seinen Weg sucht: Mal fließt es ruhig und sanft, dann wieder zügig und turbulent, vorbei an ausgewaschenen Felswänden und dichten Wäldern, riesigen Steinen und sanften Kiesbänken. Obwohl die Wohngebiete eigentlich gar nicht weit entfernt sind, ist die Bregenzerach noch sehr ursprünglich – eine Kombination, die mittlerweile sehr selten geworden ist.

Einzigartig ist auch die Tier- und Pflanzenwelt. Der Bereich zwischen Doren und Kennelbach zählt daher seit 1995 zu den »Natura 2000« Gebieten. Etwas ganz Besonderes sind zum Beispiel die Wälder. Sie sind nahezu unberührt und reichen zum Teil fast bis zum Flussbett hinab. Die steilen Hänge haben eine intensive Nutzung seit jeher schwierig gemacht. Im Lauf der Zeit konnte so eine fast urwaldartige

Vor den Toren von Bregenz
liegt eine Landschaft, die kaum
einen Eingriff zulässt.

Besonders in der Bregenzerach-
schlucht hatte die Wälderbahn oft
mit Naturgewalten zu kämpfen.

Vegetation entstehen. Neben einem Frauenschuh – das ist die wohl attraktivste heimische Orchidee – lässt sich mit etwas Geduld vielleicht auch eine Gelbbauch-Unke finden.

Natur-Erlebnis

Wer Ruhe und Abgeschiedenheit sucht, die Natur liebt und sich bewegen will, hat in und entlang der Bregenzerach unzählige Möglichkeiten: Man begegnet Kajakfahrern genauso wie Fischern und Badegästen, Fahrradfahrern, Läufern und Wanderern. Und obwohl es auch durchaus denkbar ist, all diesen Naturliebhabern an einem einzigen Tag über den Weg zu laufen, bleibt danach dennoch das Gefühl, in einer abgeschiedenen, wildromantischen Landschaft unterwegs gewesen zu sein.
Besonders beliebt ist das Naturtal Bregenzerach bei Radfahrern. Von Doren flussaufwärts führt ein knapp zehn Kilometer langer Radweg unmittelbar entlang des Flusses bis nach Egg. Im Jahr 2012 wurde er auf geschichtsträchtigem Grund eingerichtet: auf der ehemaligen Trasse des Wälderbähnles. Diese Schmalspurbahn wurde 1902 eröffnet, von Bezau konnte man bis nach Bregenz fahren, das waren mehr als 35 Kilometer. 19 Kilometer davon verliefen direkt entlang der Bregenzerach.

Felsstürze und Steinschläge

Schon beim Bau zerstörte ein Hochwasser einen Großteil der Arbeit wieder und auch später gab es häufig Steinschläge und Felsstürze, die die Gleise mit haufenweise Geröll verschütteten. 1985 wurde der Betrieb auf dieser Strecke eingestellt, heute ist das Wälderbähnle nur noch als Museumsbahn in einem etwa fünf Kilometer langen Abschnitt ab Bezau unterwegs.
Ein paar Relikte gibt es noch: Wer mit offenen Augen durch das Achtal wandert, kann aber da und dort noch Reste aus der Zeit des Bahnverkehrs erkennen: Übrig geblieben sind zum Beispiel ein Tunnel und ein alter Bahnhof, da und dort kommt auf dem Kiesweg auch noch eine Bahnschwelle zum

Fernsehbeitrag zum Nachsehen

Siehe auch S.176

So finden Sie zum Schatz

Kontakt: Bregenzerwald Tourismus GmbH
Impulszentrum 1135
6863 Egg
Tel. 05512 2365
www.bregenzerwald.at

Anreise: Auto: Die Bregenzerachschlucht beginnt 3,5 Kilometer außerhalb von Bregenz und liegt zwischen Kennelbach und Doren.
Fahrrad: Der Achtal-Radweg führt von Egg nach Doren.

Vorschein, die nicht entfernt wurde, und im Hang lassen sich mittlerweile verwachsene alte Stützmauern ausfindig machen.

Kraft der Natur

Es ist nicht mehr viel, das an die Zeit des Wälderbähnles erinnern lässt. In der Bregenzerachschlucht ist aus der drei Meter breiten Trasse ein idyllischer, dicht umwucherter Spazierpfad geworden. Die Kraft der Natur ist nicht zu übersehen: Sobald sich der Mensch nicht mehr einmischt, erobert sie sich ihren Lebensraum in kurzer Zeit wieder zurück.

Maisäß Bartholomäberg

Bezaubernde Hütten auf malerischen Hügeln

Sanfte Hügel, kleine Seen, bezaubernde Hütten – und dazu ein atemberaubender Ausblick auf die Berge rundherum. Die Maisäß-Siedlung in Bartholomäberg zählt zu den schönsten Maisäß-Siedlungen in Vorarlberg – völlig zu Recht. Wer daran zweifelt, muss den Sonnenbalkon des Montafons auf rund 1400 Metern Seehöhe einfach nur selbst besuchen.

Von der Barockkirche in Bartholomäberg geht es relativ steil bergauf. Die Wege sind verzweigt, ohne Plan kann man sich leicht verirren. Aber selbst das wäre hier nicht schlimm, denn hinter jeder Kurve tut sich wieder ein traumhafter Blick auf, für den sich sogar ein Umweg lohnt. Da und dort, auf einem sanften Hügel lieblich eingebettet, steht ein Maisäß, eine Wegbiegung weiter das nächste. Rund 150 Maisäß-Hütten gibt es in dieser Streusiedlung, eine ist schöner hergerichtet als die andere.

Aber was ist ein Maisäß?

Das Maisäß war bis vor etwa 30 Jahren der Sitz der Bauernfamilien im Mai. Bevor das Vieh im Sommer weiter hinauf auf die Alpe gebracht wurde, konnte es hier noch eine Zeit lang weiden. Aus der Milch wurden direkt im Maisäß zum Beispiel Käse oder Butter erzeugt. Im Lauf der Zeit wurde der Transport aber immer einfacher und so wird das Gras in dieser Höhenlage meist nur noch gemäht und dann an die Tiere verfüttert. Im Sommer geht's dann vom Tal direkt auf die Alpe – ohne Zwischenstopp auf halber Höhe. Die Maisäß-Hütten sind daher zu Ferienhäuschen geworden. Alle sind in

Privatbesitz, viele stehen unter Denkmalschutz, die meisten wurden liebevoll restauriert und renoviert. Manch eine Hütte wird für ein paar Wochen im Jahr vermietet – wer das genießen darf, zählt wohl zu den besonders Glücklichen. Die anderen begnügen sich damit, dass sie im Vorbeigehen einen Blick auf die Hütten mit den hübschen Fenstern und den gemütlichen Holzbänkchen werfen können.

Große und kleine Aushub-Halden

Einzigartig sind aber nicht nur die Hütten, sondern auch die Landschaft, die sie umgibt. Das Gelände ist sehr hügelig und das hat einen Grund: Diese größeren und kleineren Halden sind Überbleibsel der Bergbauzeit in Bartholomäberg. Schon in der Bronzezeit und dann vor allem im Spätmittelalter wurden hier Eisenerz, Kupfer und Silber abgebaut. Das hat das Montafon einst zu einem der wohlhabendsten Täler des Alpenraums gemacht. Im 18. Jahrhundert kam der Bergbau zum Erliegen, aus Amerika wurde Billigmetall eingeführt, der Betrieb der Stollen wurde eingestellt.

Bodenschutz-Gebiet

Die Aushub-Halden aus Taubgestein sind zu einer Besonderheit geworden. Während sie in anderen Bergbau-Regionen häufig abgetragen wurden, sind sie in Bartholomäberg erhalten geblieben. Vor Kurzem wurden sie sogar dauerhaft geschützt und als herausragendes Kulturdenkmal ins Denkmalbuch eingetragen. Kein Bagger darf das Gelände verändern, keine Schaufel zu tief graben – die Halden müssen genau so bleiben, wie sie sind. Alle Grundeigentümer haben diesem Schritt zugestimmt.

Schaubergwerk

Besucher können im einzigen Schaubergwerk in Vorarlberg einen Blick in die Welt unter Tage werfen. Ein Teil des St.-Anna-Stollens wurde freigelegt. Nach einer kurzen Einführung des Bergwerksführers, der seine Gäste in Original-Gewand empfängt, dürfen sie in den Berg hinein – ausgestattet mit

Rätikon, Silvretta und Verwall liefern die herrliche Kulisse zum geschichtsträchtigen Boden.

Hier wundert sich niemand mehr
über den Namen Sonnenbalkon
des Montafon.

einer Regenjacke, da Decke und Wände sehr feucht sind, sowie mit einem Helm, da der Kopf sonst vermutlich ein paar Beulen davontragen würde. In leicht gebückter Haltung geht es Schritt für Schritt durch die Dunkelheit, die Temperatur beträgt konstant acht Grad Celsius. Langsam bekommt man einen authentischen Eindruck, unter welchen Bedingungen die Bergleute früher gearbeitet haben. 120 Meter des St.-Anna-Stollens sind für Besucher zugänglich, Schätzungen zufolge könnte er aber bis zu achtmal so lang sein – das haben zumindest Bemessungen der Aushub-Halden ergeben.

Heile Welt

Immer und immer wieder erzählt der Bergwerksführer die Geschichte des Bergbaus. Seine Freude über den Ort, an dem er zu Hause ist, und am historischen Hintergrund wird dabei nie weniger. Er steht auf einer der unzähligen Halden, blickt hinunter ins Tal und strahlt über das ganze Gesicht: »Hier ist alles heil«, sagt er, »hier ist die Welt noch so, wie sie sein soll.«

So finden Sie zum Schatz

Kontakt: Gemeinde Bartholomäberg
Luttweg 1
6781 Bartholomäberg
Tel. 05556 73114
www.bartholomaeberg.at
www.montafon.at

Anreise: Auto: A14 Ausfahrt Bludenz/Montafon, L188 Richtung Jetzmunt und Buxwaldstraße Abzweigung links Richtung Bartholomäberg folgen.
Bahn: Ab Bludenz mit der Montafonerbahn bis Schruns, weiter mit der Buslinie 84 nach Bartholomäberg.
Die Maisäß-Landschaft und das historische Bergwerk sind vom Parkplatz bei der Barockkirche Bartholomäberg zu Fuß in 30 bis 45 Minuten erreichbar.
Öffnungszeiten Schaubergwerk: Von Mitte Juni bis Mitte Oktober jeweils Mittwoch, Freitag und Sonntag von 13 bis 17 Uhr.
Bergwerksführer: 0664 8403596

Fernsehbeitrag zum Nachsehen

Siehe auch S.176

Körbersee

Ein verstecktes Juwel inmitten der Berge

Wer diesen Schatz finden möchte, muss das Auto stehen lassen. Zum Körbersee kommt man im Winter am einfachsten auf Skiern und im Sommer am besten zu Fuß. Der Weg führt sanft durch eine idyllische Bergwelt – und plötzlich, hinter einer Kuppe, tut sich ein Blick auf, bei dem einem der Atem kurz stockt: In einer malerischen Geländemulde schlummert der kleine Gebirgssee.

Der Körbersee liegt inmitten der Lechtaler Alpen, südwestlich des Hochtannbergpasses, auf 1656 Metern Seehöhe. Umgeben ist er von mächtigen Bergen, fast so, als würde er majestätisch von ihnen beschützt. Auf der einen Seite besticht die Braunarlgruppe, links daneben die Juppenspitze und schräg gegenüber, im Norden, ragt der Widderstein empor. Dieser dürfte den Menschen schon sehr früh Bewunderung, vielleicht auch ein bisschen Respekt eingeflößt haben, denn er ist einer der seltenen Berge, die schon im frühen Mittelalter namentlich benannt und urkundlich erwähnt wurden. Für Wanderer bieten sich in der Region unzählige Möglichkeiten. Für jeden lässt sich etwas Passendes finden – von der gemütlichen Familienwanderung bis hin zur anspruchsvollen Bergtour auf einen mehr als 2600 Meter hohen Gipfel.

Paradies für Pflanzen

Der See erstreckt sich über eine Fläche von rund drei Hektar, an der tiefsten Stelle misst er acht Meter. Das Wasser ist klar, baden ist erlaubt, und völlig sorglos könnte man hier wohl auch seinen Durst stillen, denn der See hat Trinkwasserqualität. Das Gebiet rund um den Körbersee steht unter Naturschutz.

An der tiefsten Stelle ist er acht Meter tief:
Der Körbersee bietet die optimale Erfrischung
nach einer der vielen Wanderungen.

Heute ist die Alpe ein ausschließliches Sommervergnügen.

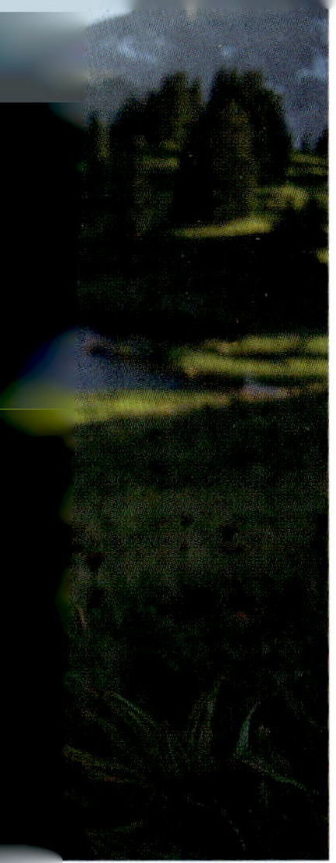

In diesem subalpinen Klima gedeihen viele seltene Pflanzen. Ende Juni, Anfang Juli blühen die Alpenrosen und tauchen ganze Hügel in ein prächtiges Rosa. Aber auch sonst zeigt sich die Flora in einer außergewöhnlichen Farbenpracht.

Geheimnisvoller Schlamm

Der schlammige Grund des Körbersees birgt einige Geheimnisse. Vor ein paar Jahren hat ein Forschungsteam der Universität Innsbruck Sedimentbohrungen durchgeführt und Proben gezogen. Die Pollen, die darin gefunden wurden, brachten erstaunliche Erkenntnisse ans Licht: So könnte es etwa sein, dass Menschen schon in der Mittelbronzezeit – also rund 1500 vor Christus – Wälder rodeten, um Weideflächen zu gewinnen. Und in der Eisenzeit, also rund 500 vor Christus, könnten hier dauerhaft Menschen gelebt haben. Darauf deuten Pollen von Roggen hin, die im Schlamm nachgewiesen wurden.

Schriftlich belegt und nachgewiesen ist die Besiedelung der Region durch die Walser während des 14. Jahrhunderts. Bis vor etwa 200 Jahren war die Gegend ganzjährig bewohnt, so zum Beispiel die Alpen Batzen oder Büel. Die Menschen waren Selbstversorger, denn während der Wintermonate war aufgrund der großen Schneemengen ein Abstieg ins Tal kaum denkbar. Mittlerweile werden die Alpen nur mehr im Sommer für ein paar Monate bewirtschaftet. In der ehemaligen Alpe Batzen befindet sich jetzt ein Alpmuseum. Die Hütte wird liebevoll gepflegt und vermittelt einen Eindruck davon, wie die Menschen früher dort gelebt und gearbeitet haben.

Hotel inmitten der Abgeschiedenheit

Seit rund 90 Jahren gibt es am Körbersee ein Hotel. Es liegt völlig abgeschieden und ist so für viele Skifahrer und Wanderer zu einem beliebten Rückzugsort geworden. Dass das Hotel inmitten dieser Idylle steht, ist wohl auch ein wenig dem Zufall zu verdanken. Als es 1930 gebaut wurde, hielt in dieser Gegend gerade der Skitourismus Einzug. Außerdem gab es damals

Fernsehbeitrag zum Nachsehen

Siehe auch S. 176

So finden Sie zum Schatz

Kontakt: Alpmuseum »Uf'm Tannberg«
Öffnungszeiten (Sommer): Di, Do, So 13–16 Uhr
Warth-Schröcken Tourismus
6767 Warth Nr. 32
Tel. 05583 35150
www.warth-schroecken.com
www.koerbersee.at
Anreise: Auto: L190 und L200 nach Schröcken. Von Schröcken, Warth oder Lech führen familientaugliche Wanderungen an den Körbersee. Vom Hochtannbergpass erreicht man ihn in etwa 40 Minuten.

Pläne für eine Straße nach Lech, die am Körbersee vorbeiführt. Nach dem Krieg fehlte für dieses Projekt jedoch die Finanzierung und so wurde die Straße nie gebaut. Das Hotel besteht noch immer. Der Gründer hatte, aus welchen Gründen auch immer, genau das richtige Gespür für diesen außergewöhnlichen Ort.

Autofreie Anreise

Schon die Anreise ins Hotel fühlt sich nach Urlaub an. Das Auto bleibt in Schröcken stehen, das Gepäck wird mit einer Materialseilbahn hinauftransportiert. Und so wird bereits der Weg in die Ferien zum Genuss – die Gebirgslandschaft, die Natur und die Stille verströmen einen ganz besonderen Reiz. Irgendwann sitzt man dann gemütlich am Körbersee oder auf der Sonnenterrasse des Hotels, lässt den Blick schweifen und ist sich sicher: Dieser Platz ist wirklich außergewöhnlich! Ein Gefühl, das wohl jeder Gast verspürt – egal, ob er zwei Wochen am See verbringt oder nur auf einer Wanderung kurz Halt macht.

»Ich bin mitten in Wien geboren und liebe meine Stadt. Habe in Paris, Zürich, Düsseldorf und in den USA gelebt, bin aber sehr gern in Wien zu Hause.«

Chris Lohner

»Wien ist anders – Bundesland und Bundeshauptstadt zugleich. Meine Heimat, die wunderbare Plätze mit viel Geschichte und tollen Geschichten zu bieten hat.«

Elisabeth Vogel

WIEN

Campus WU

Eine Lern-Stadt hinter dem Wurstelprater

In der Leopoldstadt, in Spaziernähe des Praters, befindet sich die größte Wirtschaftsuniversität Europas – die WU. 23.800 Studierende lassen dort ihre Köpfe rauchen. Der Campus ist für alle offen und in architektonischer Hinsicht ein Lehrbeispiel. Jeder der sieben Gebäudekomplexe ist anders. Mittendrin und rundherum gibt es einiges zu entdecken.

Schon beim Ankommen beeindruckt das Architektur-Ensemble internationalen Formats, egal, von welcher Seite man das Areal des Campus betritt. Sechs Architekturbüros aus aller Welt haben die Universitätsgebäude entworfen. Diese nehmen eine Fläche von 35.000 Quadratmetern ein. Jedes Gebäude für sich ist ein Blickfang, allen voran jenes von Stararchitektin Zaha Hadid – die baulich im wahrsten Sinne des Wortes herausragende Bibliothek, die wie ein eben gelandetes Raumschiff anmutet.

Auch beim Betreten dieses Library & Learning Centers fühlt man sich wie in einem Science-Fiction-Film: Im Atrium befinden sich Rampen und schräge Stiegen, die spiralförmig über sechs Geschoße nach oben zu den raumschiffartigen Lernbereichen führen. Von den beiden oberen Stockwerken aus haben Studierende und Besucher einen spektakulären Blick auf den Prater, auf das Riesenrad, die Hochschaubahnen und andere Attraktionen des Vergnügungsparks Wurstelprater. Gleich hinter dem Learning Center gibt es seit Sommer 2017 einen »WUndergarten«, ein Urban-Gardening-Projekt mit zwölf Parzellen und Beeten, die von jedem, der Lust hat, bepflanzt werden können.

Das Teaching Center begrenzt den Campus im Nordosten und bildet den östlichen

Der WU-Campus ist frei zugänglich und kann auch im Rahmen von Architektur-Führungen besichtigt werden.

So jung der Campus noch ist, haben die Gebäude bereits Kosenamen von den Studierenden bekommen.

Eingangsbereich des Campus. Die Studierenden nennen es liebevoll »Das Rostige«, weil es wie rostig wirkt: Die Fassade des Teaching Centers besteht aus Cortenstahl. In diesem Gebäudekomplex befindet sich auch das Auditorium Maximum. In den Hörsälen mit modernster Technik finden bis zu 5.000 Personen gleichzeitig zum Lernen und Lehren Platz. Über das Atrium geht es in Selbststudienzonen, die spiralförmig am Atrium entlanglaufen.

Eine bewegte Universität

Die Wirtschaftsuniversität Wien hat eine lange Geschichte mit verschiedenen Standorten und Namen. Sie wurde 1898 als K. k. Exportakademie gegründet. Nachdem das ehemalige Palais Feštetić in der Berggasse im 9. Bezirk zu klein geworden war, wurde 1916 das neu errichtete Gebäude in der Franz-Klein-Gasse im 19. Bezirk bezogen. Nach dem Zweiten Weltkrieg stieg die Zahl der Studierenden auf 3.000 stark an. 1919 wurde die Exportakademie in Hochschule für Welthandel umbenannt. 1975 bekam sie den Namen Wirtschaftsuniversität, kurz WU. 1982 zog die WU in das neu errichtete Universitätszentrum über dem Frachtenbahnhof des Franz-Josefs-Bahnhofes im 9. Bezirk um. In den 1990er-Jahren pendelte sich die Zahl der Studierenden schließlich bei mehr als 20.000 ein. Nicht zuletzt aus Platzgründen übersiedelte die Wirtschaftsuniversität vor drei Jahren in den Prater, in den völlig neuartigen Campus.

Zu den 23.800 Studierenden kommen heute noch mehr als 2.300 Universitätsmitarbeiterinnen und -mitarbeiter dazu. An ihrer Spitze steht mit Rektorin Edeltraud Hanappi-Egger seit 2015 eine Frau. Von den Absolventen der Wirtschaftsuniversität ist rund die Hälfte weiblich. Die Studierenden können für den Bachelor-Abschluss Wirtschafts- und Sozialwissenschaften oder Wirtschaftsrecht studieren und dann aus 15 Masterstudien wählen.

Auch rund um die Institutsgebäude gibt es einiges zu entdecken: Neben den klassischen universitären Bereichen – also Hörsälen, Lernflächen, Bibliotheken und Büros – gibt es am Campus Lokale, eine Bäckerei, einen Supermarkt, Buchhandlungen, einen Kindergarten und sogar ein Sportzentrum.

Fernsehbeitrag zum Nachsehen

Siehe auch S. 176

So finden Sie zum Schatz

Kontakt: Der WU-Campus befindet sich im 2. Wiener Gemeindebezirk, Welthandelsplatz 1, erreichbar via U2, Bus 82A sowie mit der Straßenbahnlinie 1.
Die westlichen Gebäude liegen näher an der U2-Haltestelle Messe, die östlichen sind innerhalb weniger Minuten via U2-Haltestelle Krieau erreichbar. Es gibt eine öffentliche Tiefgarage.
www.wu.ac.at

Und: viel Grün. Für eine Verabredung zum Lernen auf der Wiese oder auch für Entspannung von Nicht-Studierenden ist gesorgt.

Verlockender Nachbar

Vom Campus ist es nur ein Katzensprung in den Grünen Prater, den Park hinter dem Riesenrad, der fast doppelt so groß ist wie der New Yorker Central Park, mit ausgedehnten Wiesen, Wäldern und Wasserflächen. Nicht zu vergessen der Wurstelprater für den Adrenalinkick. Sehenswert ist auch die sonstige Umgebung des WU-Campus. Hier wächst das neue Viertel Zwei mit Büros, Wohnungen und einem Studentenheim.
Studieren, ob die Architektur, die Hörsäle, die Lehrbücher oder auch das Zwischendrin und Rundherum, wird am WU-Campus groß geschrieben. Auch für Nicht-Akademikerinnen und -Akademiker ist er eine Entdeckungsreise wert.

Donaukanal

Leben am Wasser

Im Mittelalter war der heutige Donaukanal noch ein wesentlicher Arm der Donau, mit regem Schiffsverkehr. Heute ist mehr am Rand los als im Wasser. Die abwechslungsreichen Uferzonen des Donaukanals bieten viele Blickfänge und so manche interessante Geschichte. Und einen langgezogenen Rückzugsort für Menschen, die gerne am Wasser und doch mitten in der Stadt sind.

»Wien liegt am Donaukanal und nicht an der Donau«, stellte der Schriftsteller Friedrich Torberg klar, Anfang der 1980er-Jahre. Und er ist mit seiner Meinung nicht allein. Links und rechts des Donaukanals beeindrucken imposante Gebäude, wie der 60 Meter hohe Ringturm, der 75 Meter hohe Uniqa Tower, die Raiffeisenzentrale oder die Ruprechtskirche – die älteste in ihrer Grundsubstanz noch bestehende Kirche Wiens.

Der Donaukanal wurde einst auch »Wiener Wasser« oder »Wiener Arm« genannt. Der Kanal ist der südlichste ursprüngliche Donauarm, der mit der Donauregulierung in den 1870er-Jahren auf einer Gesamtlänge von 17,3 Kilometern entstand. Er zweigt bei Nussdorf an der Grenze des 19. zum 20. Bezirk vom Hauptstrom ab und mündet nahe dem Alberner Hafen beim sogenannten Praterspitz an der Grenze des 2. zum 11. Bezirk wieder in ihn. Zu entdecken gibt es vieles, vor allem im befestigten Bereich zwischen Franzensbrücke und Rossauer Lände – gehend, laufend, radfahrend oder mit Inline-Skates, direkt am Wasser.

An der Einmündung des Wienflusses, gleich neben der Wiener Urania mit der ältesten und zugleich modernsten Volkssternwarte auf dem Dach, lockt seit 2005 die »Strandbar

Herrmann« mit einem aufgeschütteten Sandstrand direkt am Fluss und bietet Urlaubsflair mitten in der Stadt. Etwas weiter flussaufwärts wurde ein Jahr später das »Badeschiff« mit Schwimmbecken und Café-Restaurant in Betrieb genommen. Das Schiff besteht aus zwei umgebauten Frachtkähnen, in einem befindet sich das 189 Quadratmeter große Schwimmbecken, im anderen das Restaurant.

Wegen seiner Stadtnähe hatte der Donaukanal schon zur Zeit der Römer, vor allem aber im Mittelalter, als Wasser-Transportweg Bedeutung. Die Donau führte häufig Hochwasser. Der Hauptstrom verlagerte sich immer wieder. In den 1830er-Jahren wurde das Bett des Donaukanals in den heutigen geraden Verlauf zwischen Gaswerk und Freudenau verlegt. Im Zuge der Donauregulierung von 1868 bis 1875 wurde der Donaukanal nochmals ausgebaut. Er war jahrhundertelang für die Personen- und die Frachtschifffahrt wichtig. Pläne, den Kanal auch nach der 1875 abgeschlossenen Donauregulierung für die Frachtschifffahrt zu nutzen, erwiesen sich bald als obsolet. Auch die Personenschifffahrt fand zu einem großen Teil am Hauptstrom statt, ein Teil nutzte aber weiter den Donaukanal. 2010 wurde beim Schwedenplatz die neue Schiffstation Wien City eröffnet, von der aus der Twin City Liner nach Bratislava und Rundfahrtenschiffe verkehren. Der Twin City Liner braucht nach Bratislava rund 75 Minuten. Die Schiffstation bietet auch ein Kaffeehaus und Restaurant – Essen mit Blick aufs Wasser.

Kreative Vielfalt

Etwas weiter flussaufwärts wird es direkt am Kanal gegenüber dem Szenelokal »Flex« wieder sandig: am »Tel Aviv Beach«, der in enger Kooperation der Botschaft des Staates Israel mit der Stadt Wien entstand. Ein Blickfang ist auch das Schützenhaus. Otto Wagner gestaltete es Anfang des 20. Jahrhunderts. Schütz heißt die bewegliche Metallplatte eines Wehrs. In dem Haus sollten die Schütze aufbewahrt werden, wenn das Wehr außer Betrieb war. Heute ist im Schützenhaus ein Restaurant untergebracht.

Das ist echtes Großstadt-Feeling:
Für jedes Bedürfnis wird etwas geboten.

Es gibt kaum einen Platz in der Innenstadt, wo man die Himmelsweite so gut genießen kann.

Gegenüber, auf den Donaukanal-Mauern beim Schottenring, wird es bunt, denn dort ist die größte Graffiti-Zone Wiens. Unzählige Sprayer bemalen und übermalen die etwa 120 Meter lange Mauerfläche. Die Stadt Wien bietet jungen Künstlerinnen und Künstlern aus der Graffitiszene im Rahmen des Projektes Wienerwand diese legale Fläche an. Bunt wird es auch etwas weiter flussaufwärts auf der »Summer Stage« bei der Rossauer Lände, mit Ausstellungen direkt am Wasser unter Pappeln und Weiden.

Auch im Wasser herrscht buntes Treiben

Der Donaukanal ist auch ein Rückzugsgebiet für viele Fische. Ungefähr 30 Fischarten, die teilweise in der Donau selbst gefährdet sind, leben hier. Karpfen, Hecht, Wels, Zander und Regenbogenforelle fühlen sich offenbar genauso wohl wie Barsch und Barbe. Deshalb sieht man hier auch immer wieder Fischer. Fischen im Donaukanal ist erlaubt.
Schauen, entdecken, genießen, direkt am Wasser, mitten in der Stadt – der Donaukanal in Wien ist es wert, entdeckt zu werden.

So finden Sie zum Schatz

Kontakt: Der Donaukanal ist erreichbar via U1-Station Schwedenplatz, U4-Stationen Schwedenplatz, Schottenring, Rossauer Lände, Friedensbrücke sowie mit den Straßenbahnlinien 1, 2, 5, 31, 33.

Fernsehbeitrag zum Nachsehen

Siehe auch S. 176

Michaelerplatz

Geschichtsträchtiger Ort mit Geheimnissen

Gleich neben der ehemaligen Kaiserresidenz und dem heutigen Sitz des Bundespräsidenten, der Hofburg, liegt der Michaelerplatz. Er beherbergt wahre Gustostücke der Geschichte und Gegenwart Wiens: von der Michaelerkirche über das Looshaus bis zu römischen Ausgrabungen. Ein Platz, der überall Geschichte atmet und viele Geschichten erzählen könnte.

Schon der große Entertainer Peter Alexander hat ihn nach einem Text des Wienerlied-Komponisten Ernst Arnold aus dem Jahre 1923 besungen, den Platz in der Wiener Innenstadt beziehungsweise das Burgtor ebendort: »Beim Burgtor am Michaelerplatz, da hat oft gewartet mein lieber Schatz.« Der Michaelerplatz liegt genau vor der Michaelerkuppel, dem stadtseitigen Haupteingang in die Hofburg. Der Platz bildet den Schnittpunkt von Schauflergasse, Herrengasse, Kohlmarkt und Reitschulgasse, die sternförmig von ihm weggehen. Zu entdecken gibt es hier einiges, während immer wieder Fiaker vorbei fahren.

1725 wurde der über die Jahrhunderte äußerst unregelmäßig gestaltete Platz durch die Planungen von Joseph Emanuel Fischer von Erlach für den Michaelertrakt der Hofburg neu konzipiert. Die barocken Pläne wurden aber erst mehr als 160 Jahre später realisiert, im Zusammenhang mit dem Abriss des alten Burgtheaters, das mitten auf dem Platz stand.

Um den Michaelerplatz gruppiert sich eine Reihe interessanter Gebäude. Da ist etwa der Michaelertrakt der Hofburg mit Kuppel über der Durchfahrt zum Burgtor. An der Ecke zur Herrengasse befindet sich das Palais Herberstein, ein neubarockes Zinspalais. Seit 1847

Seinen Namen bekam der Platz um 1850 nach der Pfarrkirche St. Michael, die Babenbergerherzog Leopold VI. 1221 stiftete.

Jeder Epoche ihre Geschichte:
Viele Spuren vereint dieser Platz.

befand sich darin das legendäre Café Griensteidl, das der Treffpunkt Wiener Literaten war – von Franz Grillparzer über Hugo von Hofmannsthal, Arthur Schnitzler und Karl Kraus bis zu Stefan Zweig. Direkt vom Palais Herberstein weg führt die Herrengasse. Sie war einst Sitz des landständischen Adels und ist eine der ältesten Straßen Wiens. Heute noch finden sich dort mehrere Palais, etwa das Palais Niederösterreich.

Der kaiserliche Blick

Für Aufruhr in der Kaiserstadt sorgte das Gebäude gleich am Beginn der Herrengasse: das Looshaus, das Anfang des 20. Jahrhunderts nach Entwürfen des berühmten Architekten Adolf Loos errichtet wurde. Die Wiener nannten es »Haus ohne Augenbrauen«, weil es keine Fensterverdachungen hatte, die damals üblich waren. Es heißt, dass Kaiser Franz Joseph den Rest seines Lebens vermieden hat, die Ausfahrt am Michaelerplatz zu benutzen. Außerdem wird berichtet, er habe die Fenster der Hofburg vernageln lassen, um das »scheußliche« Haus nicht mehr sehen zu müssen.

Der Kohlmarkt von heute – er führt gleich neben dem Looshaus vom Michaelerplatz bis zum Graben – hätte wohl auch dem Kaiser gefallen: Juweliere neben Filialen internationaler Exklusiv-Modelabels machen die Straße zur Luxusmeile Wiens.

Segen von oben kommt am Michaelerplatz in einem der historisch und kulturell bedeutendsten Kirchenbauwerke Wiens, der Michaelerkirche, erbaut im 13. Jahrhundert: Sie ist eine der wenigen romanischen Bauten der Stadt. Manche Elemente der Kirche wurden nachträglich auch im barocken Stil oder klassizistisch überbaut. Seit 1923 wird die Kirche von den Salvatorianern betreut. Unterhalb der Kirche befindet sich die Michaelergruft. Manche Leichen verwesten dort aufgrund besonderer klimatischer Eigenschaften nicht, sondern wurden mumifiziert.

Im Zentrum des Michaelerplatzes fällt ein großes, aber durchaus interessantes Loch auf: Seit 1991 sind dort archäologische Ausgrabungen freigelegt, Teile davon kann sich jedermann anschauen. Zwischen 1989 und 1991

Fernsehbeitrag zum Nachsehen

Siehe auch S.176

So finden Sie zum Schatz

Kontakt: Den Michaelerplatz finden Sie im 1. Wiener Gemeindebezirk, U3 Station Herrengasse, Bus 1A Station Michaelerplatz, Straßenbahnlinien 1, 2, 46, 49 Station Dr.-Karl-Renner-Ring www.wienmuseum.at/de/standorte/ausgrabungen-michaelerplatz.html

wurde der Michaelerplatz archäologisch untersucht. Dabei kamen bemerkenswerte Baureste aus verschiedenen Jahrhunderten zum Vorschein: das Fundament eines großen, turmartigen Grabdenkmals und römische Häuser mit Fußbodenheizung, weiters Wandmalereien, die aus dem zweiten bis fünften Jahrhundert stammen, aber auch mittelalterliche und neuzeitliche Funde, etwa Fundamentreste des alten Hofburgtheaters.

Zwei bemerkenswerte Premieren gab es übrigens im 19. Jahrhundert und Anfang des 20. Jahrhunderts am Michaelerplatz: Im Herbst 1838 wurde die erste öffentliche Gasbeleuchtung der Stadt genau am Michaelerplatz installiert, ein Gaskandelaber mit sechs Flammen. Und 1927 wurde am Platz der erste Kreisverkehr Wiens eingerichtet. Den gibt es auch heute noch, genauso wie die Möglichkeit, in die Geschichte einzutauchen an einem Platz mitten in Wien.

Die Sieger 2016

ORF T

Kaisertal

Zwischen zwei einladenden Kaisern

Das Naturschutzgebiet Kaisergebirge ist bekannt für seine Flora und Fauna. So findet man im Kaisertal und am Kaisergebirge traumhaft schöne Orchideenarten, einzigartige smaragdgrüne Regenwürmer und im Sommer auch mal Schlangen. Auch scheue Säugetiere wie Rötelmaus, Siebenschläfer, Hermelin, Schneehase oder Gämse ziehen sich hier gerne zurück.

Das Kaisertal wurde am 26. Oktober 2016 zum schönsten Platz Österreichs gekürt.

Im Tiroler Unterland – zwischen Kufstein und Ebbs – liegt das letzte bewohnte Tal Österreichs, das bis vor Kurzem nur zu Fuß erreichbar war. Erst seit dem Jahr 2008 kommt man über den 800 Meter langen Anna-Tunnel und eine Straße auch mit Fahrzeugen hinein. Tunnel und Straße dürfen allerdings nur von den mittlerweile rund 35 Bewohnerinnen und Bewohnern benützt werden, Gäste müssen zu Fuß gehen. In der Ortschaft Kaisertal stehen wunderschöne Einödhöfe, manche von ihnen wurden in Gasthöfe umfunktioniert. Der Wilde Kaiser thront richtig über den Hütten. Ein Kaufvertrag für den Hinterkaiserhof aus dem Jahr 1430 gilt als Beleg, dass das Kaisertal seit dem 15. Jahrhundert besiedelt ist. Der Name »Kaiser« für das Gebiet ist allerdings schon älter. In einem Kitzbüheler Güterverzeichnis aus dem Jahr 1240 wird über eine »Gamsgiyat [Gämsjagd] an dem Chaiser« geschrieben.

Der Wilde Kaiser befindet sich im Süden des Kaisertals, der Zahme Kaiser im Norden. Beide Bergketten bilden zusammen das Kaisergebirge und sind durch das Stripsenjoch miteinander verbunden. Abgesehen von diesen Majestäten, locken vierzig weitere Gipfel viele Kletterer und Bergsteiger an.

Kontakt. Tourismusverband Ferienland Kufstein Tirol
Unterer Stadtplatz 8, 6330 Kufstein
Tel. 05372 62207

ORF B

Purbacher Kellergasse

Entschleunigung in pannonischer Atmosphäre

Besonders im Sommer ist die historische Kellergasse am Fuße des Leithagebirges ein Anziehungspunkt. Da werden die Heurigenbankerl vor die Kellertüren gestellt und das Leben pulsiert in der Gasse. Prächtige Oleanderbüsche und liebevolle Blumenarrangements geben der Straße ein romantisches Flair.

Wein hat die Geschichte von Purbach immer schon geprägt. Ursprünglich lagerten die Bauern ihre Weine in den Kellern ihrer Häuser. Während der Schneeschmelze wurden tiefer gelegene Hauskeller regelmäßig überflutet, was weder den Holzfässern noch dem Wein guttat. Daher legte man im späten 19. Jahrhundert ein großzügiges Kellerviertel an. Wegen des hohen Grundwasserspiegels grub man die Keller nicht in die Erde, sondern hob jeweils eine Grube aus, errichtete darin ein Gewölbe und überzog dieses mit einer dicken Erdschicht. Das Material für die Fassade lieferten die Steinbrüche im Leithagebirge. Wer genau schaut, findet Muschel- und Koralleneinschlüsse aus der Urzeit in den Steinen – Zeugnisse einer Zeit, als in Purbach noch das Meer brandete.
Das Viertel zählte einst drei Gassen mit insgesamt sechs parallel verlaufenden Kellerreihen. In früheren Zeiten herrschte in der Kellergasse zur Lesezeit hektisches Treiben, denn die Weingärten waren nahe und die Trauben konnten rasch gepresst werden. Heute sind die Keller größtenteils Lokale, Verkostungsräume und Lager für Flaschenweine.

Kontakt: Touristeninformation Purbach
Am Kellerplatz 1, 7083 Purbach am Neusiedler See
Tel. 02683 5920
www.haus-am-kellerplatz.at
www.purbach.at

ORF K

Dobratsch

Facettenreicher Koloss am Schnittpunkt dreier Kulturen

Der Hausberg Villachs ist das größte Bergsturzgebiet der Ostalpen. Damit schafft es einen reichhaltigen Lebensraum für eine Vielzahl seltener Pflanzen und Tiere. Auch der eigenwillige Charakter und die besondere Atmosphäre seiner lebhaft gegliederten Tallandschaft locken mit variantenreichen Möglichkeiten zum Wandern.

Der 2166 Meter hohe Bergstock des Dobratsch – auch Villacher Alpe (slowenisch Dobrač bzw. Beljaščica) genannt – liegt in Mittelkärnten, westlich von Villach. Nicht nur seine biologische Vielfalt sticht hervor, er ist auch das Zentrum einer geschichtsträchtigen Region, die sich durch besonderen kulturellen Reichtum auszeichnet. Durch verschiedene Bergstürze – in prähistorischer Zeit, im 14. Jahrhundert und zuletzt 2015 – entwickelte sich eine einzigartige Tier- und Pflanzenwelt. Ursprünglich eine Almweide, wurde der Dobratsch im vergangenen Jahrhundert zum Skiberg und Wanderziel. Um das Trinkwasser zu schützen, verzichtete man vor fünfzehn Jahren auf eine künstliche Beschneiung und stellte den Skibetrieb ein. In Zusammenarbeit aller umliegenden Gemeinden wurde ein Naturpark ins Leben gerufen. Dieser ist über eine mautpflichtige Alpenstraße leicht erreichbar.
Bei einer knapp zehn Kilometer langen Rundwanderung begegnen einem auf Schritt und Tritt historische Besonderheiten. Höhepunkte sind Ortschaften mit bedeutenden Kulturdenkmälern und historischen Häuserbeständen. Auch das gastronomische Angebot lässt nichts zu wünschen übrig.

Kontakt: Region Villach Tourismus GmbH
Töbringer Straße 1, 9523 Villach-Landskron
Tel. 04242 4200-0
www.naturparkdobratsch.at
www.naturparkdobratsch.info

ORF NÖ

Ötschergräben

Im »Grand Canyon Österreichs« zwischen Wasser und Geschichte

Das Wasser sucht sich durch scheinbar unberührte Bergschluchten seinen Weg ins Tal und schafft so eine wildromantische Natur rund um den höchsten Berg des Mostviertels.

Zu Füßen des majestätischen Ötschers liegt ein außergewöhnlich vielfältiges Tier- und Pflanzenreich. Diese Vielfalt vereint sich im Naturpark Ötscher-Tormäuer. Entstanden ist der mit 170 Quadratkilometern größte Naturpark Niederösterreichs in den 1960er-Jahren. Damals sollte die Erlauf, ein Nebenfluss der Donau, in den sogenannten Vorderen Tormäuern aufgestaut werden und in weiterer Folge ein Kraftwerk errichtet werden. Der Bau des Kraftwerks wurde verhindert, stattdessen entstand der Naturpark Ötscher-Tormäuer. Dass die Ötschergräben sowie die Tormäuer auch »Grand Canyon Österreichs« genannt werden, liegt an den tiefen Einschnitten, die der Ötscherbach und die Erlauf über Tausende Jahre hinterlassen haben, und an der wildromantischen Landschaft mit steilen Felswänden, atemberaubenden Wasserfällen und einzigartigen Pflanzen. Wenn zu Frühlingsbeginn Pflanzen und Tiere erwachen, verwandelt die Schneeschmelze die ruhige Landschaft und den sonst sanften Ötscherbach in ein reißendes Gewässer. Je mehr Wasser sich seinen Weg durch die Schlucht bahnt, desto lauter ist das Getöse. Frühling und Sommer offenbaren die Pracht der Pflanzenvielfalt der Ötschergräben.

Kontakt: Naturpark Ötscher-Tormäuer GmbH
St. Anton 5, 3283 St. Anton/Jeßnitz
Tel. 02728 21100
www.naturpark-oetscher.at

ORF OÖ

Bucklwehluckn

Kleine Idylle mit großer Kraft

Ein mächtiger Stein liegt mitten im Ort St. Thomas. Es handelt sich um einen klassischen Durchkriechstein, also ein Ort, wo man sich von etwas befreien, etwas abstreifen kann. Der Wallfahrtsort St. Thomas am Blasenstein kann mit vielerlei Seltsamkeiten aufwarten, zu denen sich eine herrliche Landschaft gesellt.

Wer's im Kreuz hat, wen das Zipperlein plagt, wer von der bösen Hex einen Schuss bekommen hat, der kann hier Hilfe finden. Die Bucklwehluckn, auch Bucklwehstoa oder Blasenstein genannt, soll laut der Sage auf dem Nacken eines gewaltigen Ungeheuers gelegen sein. Der heilige Thomas selbst hat es mit dieser Last beschwert. Von Fall zu Fall aber regt sich das Untier, seufzt und stößt Dampf aus. Wie die meisten Sagen hat auch diese einen kleinen wahren Kern: Der Dampf, der bei der Bucklwehluckn entweicht, ist das Edelgas Radon. Es steigt permanent aus granitenen Gesteinsschichten empor.
Und noch andere mystische Steinformationen und historische Attraktionen begegnen einem in Hülle und Fülle in dem kleinen Ort. So diente der Burgstallkogel durch die Jahrtausende als Siedlungs- und Kultplatz. Der Ausblick von dort oben ist atemberaubend schön – man sieht kilometerweit übers Land, über das Donautal bis hin zur Alpenkette. Wer St. Thomas besucht, der sollte auch der Mumie vom Blasenstein – dem luftgselchten Pfarrer – seine Aufwartung machen. Schon der Gang zur Gruft, in der die Mumie liegt, ist unheimlich: niedrig, gewunden und wie der Eingang zur Unterwelt.

Kontakt: Marktgemeindeamt St. Thomas am Blasenstein
Markt 7, 4364 St. Thomas am Blasenstein
Tel. 07265 5455-0
www.st-thomas.at

ORF S

Kraftplätze Filzmoos

Am Fuße der Bischofsmütze Kraft tanken und sich wohlfühlen

Ob man nun für spirituell-esoterische Erfahrungen empfänglich ist oder nicht: Allein die landschaftliche Schönheit der Kraftplätze in Filzmoos ist betörend. Gleich 16 sogenannte Kraftplätze gibt es. Plätze, denen geradezu magische Fähigkeiten nachgesagt werden.

Über allen Kraftplätzen in Filzmoos thront die Bischofsmütze. Der eigenwillige Doppel-Gipfel in Form einer Mitra, also einer Bischofsmütze, hat dem Berg seinen Namen gegeben. Mit 2.458 Metern Höhe behütet er im wahrsten Sinne des Wortes das kleine Bergsteigerdorf Filzmoos.

Ob man im Schatten des mehr als 300 Jahre alten Ahornbaums mit seiner 30 Meter hohen Baumkrone ausruht oder ein erfrischendes Fußbad in der Meeräugl-Quelle nimmt: Wer wolle, könne die Magie der Kraftplätze spüren, und wer nicht, der eben nicht, sagen die Einheimischen. Der Sage nach soll die Quelle unergründlich und mit dem Meer verbunden sein, daher auch ihr Name. Viel wahrscheinlicher ist aber, dass dieses Erdloch unterirdisch mit dem Hinteren Gosausee in Verbindung steht. Auch die »Schwarze Lacke« zieht Wanderer in ihren Bann: das Filzmooser »Loch Ness« ist ein guter Platz, um innezuhalten. Der pechschwarze Bergtümpel soll von einem Drachen bewohnt sein.

Vielleicht bietet Filzmoos für manchen einen Weg zu sich selbst. Ob man nun an die Kraft der Erde glaubt oder auch nicht: Die magischen Orte lassen sich leicht und unkompliziert erwandern.

Kontakt: Tourismusverband Filzmoos
5532 Filzmoos Nr. 50
Tel. 06453 8235
www.filzmoos.at

ORF St

Weinweg der Sinne

Herausragendes Panorama mit sinnlichem Erleben

Die Südoststeiermark lädt ein auf eine liebevoll gestaltete Wanderung durch ihre bezaubernde Hügellandschaft. Nicht nur viel Wissenswertes über den Wein, sondern auch vieles über die Region und die Menschen, die hier leben, gilt es zu entdecken.

Wie sinnlich Wein und seine Ausgangsprodukte sein können, wird einem in besonderer Weise in St. Anna am Aigen in der Südoststeiermark bewusst. Nicht nur für Wein-Trinker ist der »Weinweg der Sinne« ein Erlebnis, denn er ist kein Weinlehrpfad im herkömmlichen Sinn, er ist viel mehr: Nur wenige Meter führt der Weg auf der Gemeindestraße, dann geht es bergab und bergauf, vorbei an Weinhängen, durch Wälder und hin zu Plätzen mit besonderer Aussicht. Für Orientierung sorgen (leere) Weinflaschen als Wegweiser und Farbmarkierungen in Traubenform. Buchstäblich im Vorbeigehen lernt man auf dieser Wanderung, wie Weingärten angelegt werden oder wo welche Sorten wachsen. Man kommt vorbei an alten Weinpressen und an neuen und modernen Buschenschenken. Eine besondere Attraktion ist die Vulkanland-Aussichtswarte in Frutten-Gießelsdorf. Sie ist 40 Meter hoch, und wer die vielen Stufen nicht scheut, wird mit einem einzigartigen Rundblick belohnt: tief in die West- und Oststeiermark, zu den Karawanken, nach Slowenien und bei guter Fernsicht sogar bis nach Kroatien.

Kontakt: Weinweg der Sinne
Radersdorf 75, 8263 Großwilfersdorf
Tel. 03385 66040
www.thermenland.at
www.st-anna-aigen.gv.at
www.gesamtsteirische-vinothek.at

ORF V

Bad Rothenbrunnen

Der Glanz der Jahrhundertwende mitten in den Alpen

In einem Seitental des Großen Walsertales steht wie aus dem Nichts ein großes Kurgebäude mit Weiher und Kapelle. Hier kann man sich noch heute vorstellen, wie einst Gäste aus fernen Städten Erholung suchten. Schon nach kurzer Zeit fühlt man sich dort wohl.

Entlang des Matonabaches wandert man im Gadental nach Bad Rothenbrunnen. Wild kommt einem der Bach durch eine kleine Schlucht entgegen, die Wanderung ist für Groß und Klein ein kurzweiliges Erlebnis. Der Sage nach erschien dort einem Hirten die Muttergottes und riet ihm, seinen verletzten Knöchel in der Quelle zu baden. Das tat der Hirte und wurde wieder gesund. Diese Kunde verbreitete sich rasch und so entstand der Name Rothenbrunnen. Viele meinen noch heute, dass der Matonabach eigentlich Madonnabach heißt. Die Heilkraft der Quelle des roten Felsens soll bereits seit dem 15. Jahrhundert bekannt sein. Im 17. Jahrhundert im Besitz des Bodensee-Stiftes Weingarten, nutzten auch die Patres den Ort als Kur- und Erholungsstätte. Seit 2005 hat der heutige Besitzer das Haus liebevoll restauriert und führt es als Gasthof. Das Flair einer längst vergangenen Zeit sollte erhalten bleiben. Mittlerweile ist das Große Walsertal ein Biosphärenpark und auf der Liste der UNESCO-zertifizieren Modellregionen für nachhaltige Wirtschaft und Lebensweisen. Und Bad Rothenbrunnen ist mittendrin.

Kontakt: Alpengasthof Bad Rothenbrunnen
6731 Sonntag/Buchboden
Tel. 05554 20104
www.rothenbrunnen.at

ORF W

Haus des Meeres

Stadtgeschichte mit tropischem Innenleben

Von außen lässt sich nicht erahnen, was drinnen los ist. Allein aufgrund des Erscheinungsbildes würde kaum jemand darauf schließen, wie bunt und lebendig das Innenleben des Turmes ist.

Auf elf Ebenen und einer Fläche von rund 5.000 Quadratmetern tummeln sich Haie, Rochen, Schildkröten zu Wasser und zu Lande, Krokodile, Echsen aller Art, Schlangen, Fische aus Süß- und Salzwasser, Vögel, Flughunde, verschiedene Äffchen, Insekten und vieles mehr. Die Haie schwimmen unter anderem in einem zweistöckigen Haibecken, das 300.000 Liter fasst. Im »Atlantik Tunnel«, einem 500.000-Liter-Aquarium mit einer volltransparenten Röhre, können Besucherinnen und Besucher buchstäblich fast 15 Meter »durch das Wasser« gehen. Angefügt an die Außenfassade befinden sich das Tropenhaus und der Krokipark. Auf 200 Quadratmetern und einer Höhe von mehr als 20 Metern beheimatet das Tropenhaus mehr als 500 Tiere, Weißbüscheläffchen genauso wie tropische Vögel, Flughunde und Krebse. Im Krokipark leben Alligatoren, etwa der Brillenkaiman.
Eine neue Sicht auf eine andere Welt ermöglicht auf der siebenten Ebene das »Pacific Eye«. Das Aquarium gewährt einen Einblick in die nordamerikanische Pazifikfauna, der durch eine Plexiglas-Halbkugel von zwei Meter Durchmesser lupenhaft vergrößert wird. Ganz oben angelangt, belohnt ein eindrucksvoller Rundumblick über Wien.

Kontakt: Das Haus des Meeres finden Sie im 6. Wiener Gemeindebezirk,
Autobuslinie 13A, 14A und 57A Station Haus des Meeres; U3 Station Neubaugasse
www.haus-des-meeres.at

Bildnachweis

UMSCHLAG vorne: **Kaisertal** Robert Engl // hinten: **Purbacher Kellergasse** TVB Purbach **Dobratsch** Hannes Kohlmeier **Ötschergräben** MostviertelTourismus/weinfranz.at **Bucklwehluckn** Leitner **Kraftplätze Filzmoos** Tourismusinformation Filzmoos/Coen Weesjes **Weinwanderweg** ORF/Regine Schöttl **Kaisertal** Robert Engl **Bad Rothenbrunnen** Hanno Thurnher **Haus des Meeres** SEPA Media

TEILER **Vorwort** S. 6: **T** Kufsteinerland // Vorwort S. 9: **B** Burgenland Tourismus/Peter Burgstaller **K** Franz Gerdl **NÖ** Michael Liebert **OÖ** Österreich Werbung/Himsl **S** SalzburgerLand Tourismus/Eva-Maria Repolusk **St** ORF/Regine Schöttl **T** Ursula Aichner/fotowerk **V** Hanno Thurnher **W** Josef Bollwein/Fotostudio Flashface // **Teilnehmer 2017** S. 10: **B** Manfred Schwarz **K** Franz Gerdl **NÖ** Michael Liebert **OÖ** Oberösterreich Tourismus/Andreas Röbl **S** SalzburgerLand Tourismus/Michael Grössinger **St** ORF/Regine Schöttl **T** Tirol Werbung/Aichner Bernhard **V** Hanno Thurnher **W** Josef Bollwein/Fotostudio Flashface // **Sieger 2016** S. 155: **B** ARGE Naturparke Burgenland/Ing. Franz Kovacs **K** Hannes Kohlmeier **NÖ** MostviertelTourismus/weinfranz.at **OÖ** Leitner **S** Tourismusinformation Filzmoos/Coen Weesjes **St** ORF/Regine Schöttl **T** Kufsteinerland **V** Hanno Thurnher **W** Josef Bollwein/Fotostudio Flashface

BURGENLAND **Teiler** S. 11: ORF/Hans Leitner, Technogym Austria, Burgenland Tourismus/Peter Burgstaller (2×) // **Csaterberg** S. 13: ORF Burgenland; S. 14: Burgenland Tourismus/Peter Burgstaller, ORF Burgenland (2×); S. 16: ARGE Südburgenland // **Kraftplatz Liebing** S. 19: ORF Burgenland, Tourismusverband Lutzmannsburg Mittelburgenland, ORF Burgenland; S. 20: Tourismusverband Lutzmannsburg Mittelburgenland (2×), ORF Burgenland // **Mönchhof** S. 23–26: ORF Burgenland // **Purbacher Kellergasse** S. 159: TVB Purbach

KÄRNTEN **Teiler** S. 27: Gert Steinthaler, Barbara Wagner, Franz Gerdl (2×) // **Gut Lichtengraben** S. 29: Franz Gerdl; S. 30: Lichtengraben (3×), Michael Gasser; S. 32: Kleine Zeitung/Helmuth Weichselbraun, Lichtengraben // **Raggaschlucht** S. 34–37: Kärnten Tourismus/Mölltaler Gletscher // **Wildensteiner Wasserfall** S. 39: Gert Steinthaler; S. 40: Erwin Haiden, Zupanc (2×), Franz Gerdl; S. 42: Erwin Haiden // **Dobratsch** S. 160: Hannes Kohlmeier

NIEDERÖSTERREICH **Teiler** S. 43: Daniela Fally, ORF/Günter Pichkostner, Michael Liebert (2×) // **Kellergasse Galgenberg** S. 45: R. Mandl; S. 46: Manuela Leisser (2×), Horst Krönigsberger; S. 48: Manuela Leisser // **Ysperklamm** S. 50: Christoph Kerschbaum/ishootpeople.at, Waldviertel Tourismus/ishootpeople.at, Marktgemeinde Yspertal, Presse&Foto Franz Gleiß; S. 53: Marktgemeinde Yspertal (3×) // **Hermannshöhle** S. 55: Helmut Mohr; S. 56: Archiv des Hermannshöhlen Forschungs- und Erhaltungsverein (2×), Helmut Mohr (2×); S. 58: Helmut Mohr // **Ötschergräben** MostviertelTourismus/weinfranz.at

OBERÖSTERREICH **Teiler** S. 59: Richard Haidinger, Ferry Öllinger, Österreich Werbung/Popp Hackner, Oberösterreich Tourismus/Robert Maybach // **Traunfall** S. 61: Wilhelm Forstinger; S. 62: Siegfried Buchegger, Fluss-Tauchbasis Magic Dive Traunfall, Ing. Rudolf Hradil, Fotolia; S. 64: Fluss-Tauchbasis Magic Dive Traunfall // **Vogelgesangklamm** S. 67: TVB Pyhrn-Priel/Sulzbacher, Archiv Biologiezentrum/H. Bellmann, OÖ Tourismus/Erber, Sandra Lankmaier; S. 68: TVB Pyhrn-Priel/Sulzbacher // **Schwarzenbergischer Schwemmkanal** S. 71: Tourismusverband Böhmerwald, Roland Pelzl (2×); S. 72: Tourismusverband Böhmerwald, Roland Pelzl (2×), Archiv Biologiezentrum/H. Bellmann; S. 74: Roland Pelzl // **Bucklwehluckn** Hürner

SALZBURG **Teiler** S. 75: ORF Salzburg, Wildbild/Doris Wild, SalzburgerLand Tourismus/Achim Meurer, SalzburgerLand Tourismus/Eva-Maria Repolusk // **Habachtal** S. 77: Rieder; S. 78: Rieder, Michael Huber, Bryan Reinhart, Museum Bramberg; S. 80: Nationalpark Hohe Tauern // **Taugl** S. 83: Tourismusverband Bad Vigaun (2×), Shutterstock/BogdanBoev, Shutterstock; S. 84: Tourismusverband Bad Vigaun, Herbert Köppel, Czesznak Zsolt // **Rotgüldensee** S. 87: Elisabeth Aigner; S. 88–90: Josef Gfrerer (5×) // **Kraftplätze Filzmoos** S. 167: Tourismusinformation Filzmoos/Coen Weesjes

STEIERMARK **Teiler** S. 91: ORF/Regine Schöttl (4×) // **Dampfzug Murtalbahn** S. 93–96: ORF/Regine Schöttl (6×) // **Ödensee** S. 98–101: ORF/Regine Schöttl (7×) // **Rassach** S. 103–106: ORF/Regine Schöttl (6×) // **Weinwanderweg** S. 168: ORF/Regine Schöttl

TIROL **Teiler** S. 107: Rupert Larl, Ingo Pertramer, Tirol Werbung/Madörin, Tirol Werbung/Koopmann // **Gaistal** S. 109–112: Ursula Aichner/fotowerk (7×) // **Kaiserklamm** S. 115–117: Ursula Aichner/fotowerk (5×) // **Ober- und Unterstalleralm** S. 118–122: Ursula Aichner/fotowerk (8×) // **Kaisertal** S. 156: Robert Engl

VORARLBERG **Teiler** S. 123: Markus Gmeiner, Dietmar Mathis, Hanno Thurnher, Kongresskultur Bregenz/Lisa Mathis // **Bregenzerach** S. 125–128: Hanno Thurnher (5×) // **Maisäß Bartholomäberg** S. 130–132: Hanno Thurnher (7×) // **Körbersee** S. 135–138: Hanno Thurnher (6×) // **Bad Rothenbrunnen** S. 171: Hanno Thurnher

WIEN **Teiler** S. 139: ORF/Hans Leitner, Bubu Dujmic, Werner Zettinig, Josef Bollwein/Fotostudio Flashface // **WU Campus** S. 141–144: Josef Bollwein/Fotostudio Flashface (5×) // **Donaukanal** S. 147–149: Josef Bollwein/Fotostudio Flashface (7×)// **Michaelerplatz** S. 151–154: Josef Bollwein/Fotostudio Flashface (5×) // **Haus des Meeres** S. 172: SEPA Media

Fernsehbeiträge zum Nachsehen

Alle Fernsehbeiträge finden Sie im Internet auf der Website des Kral Verlages unter www.kral-verlag.at und dann weiter unter »Programm« sowie »9 Plätze – 9 Schätze« oder verwenden Sie die jeweils angegebenen kurzen Webadressen.
Sie stehen Ihnen einige Tage nach der Ausstrahlung bis 31. Oktober 2018 zur Verfügung.

SCHÄTZE 2017

BURGENLAND http://tinyurl.com/y764fvez
KÄRNTEN http://tinyurl.com/ybt4gmhs
NIEDERÖSTERREICH http://tinyurl.com/y9suf427
OBERÖSTERREICH http://tinyurl.com/ybj689es
SALZBURG http://tinyurl.com/y9tguydt
STEIERMARK http://tinyurl.com/yaom69wo
TIROL http://tinyurl.com/y7vsvt3u
VORARLBERG http://tinyurl.com/yczy3hwc
WIEN http://tinyurl.com/yd68clnc

ORF-SHOW 2017

ORF-Show »9 Plätze – 9 Schätze« vom 26. Oktober 2017, 20:15 Uhr
http://tinyurl.com/yaw8hca6

WEITERE SENDUNGEN

»Heimat großer Töchter und Söhne« vom 26. Oktober 2017, um 22:30 Uhr
http://tinyurl.com/yaw8hca6